Tim Oberstebrink

So verkaufen Sie Investitionsgüter

Tim Oberstebrink

So verkaufen Sie Investitionsgüter

Von der Commodity
bis zum Anlagenbau:
Wie Sie im harten Wettbewerb
neue Kunden gewinnen

Bibliografische Information der Deutschen Nationalbibliothek
Die Deutsche Nationalbibliothek verzeichnet diese Publikation in der
Deutschen Nationalbibliografie; detaillierte bibliografische Daten sind im Internet über
<http://dnb.d-nb.de> abrufbar.

1. Auflage 2009

Alle Rechte vorbehalten
© Gabler | GWV Fachverlage GmbH, Wiesbaden 2009

Lektorat: Barbara Möller

Gabler ist Teil der Fachverlagsgruppe Springer Science+Business Media.
www.gabler.de

Das Werk einschließlich aller seiner Teile ist urheberrechtlich geschützt. Jede Verwertung außerhalb der engen Grenzen des Urheberrechtsgesetzes ist ohne Zustimmung des Verlags unzulässig und strafbar. Das gilt insbesondere für Vervielfältigungen, Übersetzungen, Mikroverfilmungen und die Einspeicherung und Verarbeitung in elektronischen Systemen.

Die Wiedergabe von Gebrauchsnamen, Handelsnamen, Warenbezeichnungen usw. in diesem Werk berechtigt auch ohne besondere Kennzeichnung nicht zu der Annahme, dass solche Namen im Sinne der Warenzeichen- und Markenschutz-Gesetzgebung als frei zu betrachten wären und daher von jedermann benutzt werden dürften.

Umschlaggestaltung: Nina Faber de.sign, Wiesbaden
Coverfoto: adpic.de
Satz: Fotosatzservice Köhler GmbH, Würzburg
Druck und buchbinderische Verarbeitung: Krips b.v., Meppel
Gedruckt auf säurefreiem und chlorfrei gebleichtem Papier
Printed in the Netherlands

ISBN 978-3-8349-1167-4

Für meine Familie.
Und für die vielen Tausend Vertriebsmitarbeiter,
mit denen ich das Privileg habe zu arbeiten.

Vorwort

Die Märkte wandeln sich kontinuierlich: Heute schneller als gestern, und diese Dynamik hält an. Die in den Märkten operierenden Unternehmen werden täglich mit dieser Dynamik konfrontiert. Als erstes betrifft dies die Vertriebsorganisationen, denn sie bilden die Speerspitze bei den Kunden. Insbesondere die Anforderungen an die Vertriebs- und Marketingstrategien und die Erfolgsfaktoren im Verkaufsprozess im Investitionsgüterbereich haben sich dramatisch geändert. Das liegt vor allem an der zunehmenden Anzahl von Wettbewerbern wie auch an den veränderten Bedürfnissen der Kunden. Wo früher Qualität und technische Lösung im Vordergrund standen, werden heute zusätzliche Faktoren wie Lieferzeit, Total Cost of Ownership, Qualität der Zusammenarbeit und Service von den Kunden bewertet. Will ein Vertriebsmitarbeiter neue Kunden gewinnen und bestehende Kundenbeziehungen weiterführen, so muss er sich dieser Veränderungen bewusst sein und seinen Verkaufsprozess und die Kundenbetreuung darauf ausrichten.

„So verkaufen Sie Investitionsgüter" hebt genau darauf ab, es geht sehr anschaulich auf die Besonderheiten des Investitionsgüterbereichs ein, zeigt die Notwendigkeit des sicherlich in der Vergangenheit von der Industrie vernachlässigten Marketingansatzes und gibt wertvolle Hinweise in Bezug auf das „Personal Selling" und den vollständigen Verkaufprozess, der letztendlich zum Erfolg führen wird.

Auf der Grundlage seiner langjährigen Erfahrung als Verkäufer und Verkaufstrainer zeigt Tim Oberstebrink, wie Entscheidungsstrukturen beim Kunden analysiert werden, welche Schlüsse daraus gezogen werden können und wie die Vertriebstaktik und die daraus resultierenden Maßnahmen abzuleiten sind. Die vielen Beispiele aus selbsterlebter Praxis unterlegen dies sehr anschaulich. Besonders beeindruckend und praxisnah beschreibt er, wie es gelingt, die Kundenorganisation zu durchdringen, sie zu analysieren und einen strukturierten Vertriebsprozess zu verfolgen. Gerade bei Investitionsgütern kann der Verkaufszyklus in einigen Fällen sehr langwierig sein – deshalb braucht der Verkäufer auch eine große Portion Flexibilität. Oberstebrink macht nicht nur die Aktionen und Reaktionen im Prozess deutlich, sondern gibt auch Hilfestellungen zur richtigen Interpretation des Geschehens. Daraus kann der Leser Aktionen ableiten, die ihn wiederum seinem Ziel näher kommen lassen.

Es fällt leicht, sich in Einzelthemen einzulesen. Jedes Kapitel beginnt mit einer kurzen Übersicht und schließt mit der Zusammenfassung der wichtigsten Inhalte ab. Man findet eine Fülle von Denkanstößen, Werkzeugen und Anregungen, die sehr praxisnah und umsetzungsfreundlich beschrieben sind.

„So verkaufen Sie Investitionsgüter" ist so ausgerichtet, dass der Verkäufer sein Produkt, sein Unternehmen und sich selbst als zuverlässigen Partner, immer im Hinblick auf den Mehrwert für seinen Kunden, präsentieren kann und sicherlich auch erfolgreich verkaufen wird.

Dipl.-Ing. Michael Jesberger
Siemens AG, Energy Sector Transmission Division
CEO High Voltage Substations

Inhaltsverzeichnis

Vorwort von Michael Jesberger, Siemens AG, Energy Sector Transmission Division   7

1 Einleitung: Mut zum Verkaufen!   13

2 Der Investitionsgütervertrieb und seine Besonderheiten   15
    Die Arten des Investitionsgütervertriebs   18
        Das Produktgeschäft   19
        Das Zuliefergeschäft   19
        Das Systemgeschäft   19
        Das Anlagengeschäft   20
    Warum Marketing für Investitionsgüter immer wichtiger wird   22
    Innovationen als Wachstumsmotor für den Investitionsgütervertrieb   24
        Sie brauchen neue Produkte   24
        Wie neue Produkte entstehen   27

3 Struktur für fokussierten Vertrieb: Interaktionsmodelle für den personellen Verkauf   33
    Modell 1: Der Grundversorger   34
    Modell 2: Der Paketanbieter   35
    Modell 3: Der Innovationshelfer   37
    Modell 4: Der Maßschneider   39
    Modell 5: Der Integrator   40

4 Ihr Werkzeugkoffer für den persönlichen Verkauf   43
    Das Produkt und sein Markt   44
    Das Produkt und seine Positionierung   45
    Das Produkt und sein Wettbewerb   46
    Das Produkt und sein Preis   47
    Das Produkt und sein Wertbeitrag   50
    Das Produkt und sein Elevator-Pitch   53
    Das Produkt und sein Verkaufsgespräch   54

5 Die Kaufentscheider kennen – oder Who is who im Buying Center?   **56**
   Die sechs Rollen im Buying Center   56
   Die Analyse des Buying Centers   59
      Förderer, Gegner und deren Einfluss   59
      Individuelle Kaufmotive   61
      Der Buying Center Compass   63
   Das Beziehungsgeflecht im Buying Center   66

6 Von Erstgespräch bis After-Sales:
Die Phasen im Verkaufszyklus souverän meistern   **68**
   Die Pre-Sales-Phasen   68
      Phase 1: Qualifizieren Sie Ihre potenziellen Kunden   71
      Phase 2: So bekommen Sie einen ersten Termin   73
      Phase 3: Das erste Treffen: Was können Sie vom Kunden lernen?   80
      Phase 4: So erstellen Sie Ihre Angebotspräsentation   91
      Phase 5: Die Präsentation – so begeistern Sie das Buying Center   96
      Phase 6: So steuern Sie die Entscheidung   104
      Phase 7: Die Abschlussverhandlung   105
   Die After-Sales-Phasen   120
      Phase 1: Lieferung und Inbetriebnahme   120
      Phase 2: Account-Planung   121
      Phase 3: Rücknahme und Neuverkauf   124

7 Mehr Umsatz durch professionelles Key Account Management   **126**
   Grundlagen des Key Account Managements   126
      Was bedeutet Key Account Management?   126
      Wann ist ein Kunde ein Key Account?   129
   Key Account Management für Investitionsgüter   132
      Welche Anforderungen werden gestellt?   132
      Die strategische Ebene   133
      Die funktionale Ebene   136
      Die personelle Ebene   137
      Die organisatorische Ebene   139
   Der strategische Key Account Plan   141
      Informationen zum Key Account   142
      Das Wichtigste in Kürze   142
      Die Grundinformationen   142
      Analyse des Umsatzes mit dem Key Account   143
      Analyse von Projekten mit dem Key Account   143

    Stärken- und Schwächen-Analyse _____ 143
    Unsere Strategie für diesen Key Account _____ 144
    Aktivitätenplan für die kommenden 12 Monate _____ 144

Praxis-Checklisten für den Alltag _____ 145

Weiterführende Literatur _____ 149

Der Autor _____ 151

1 Einleitung: Mut zum Verkaufen!

Als Verkaufstrainer komme ich jedes Jahr mit Hunderten von Vertriebsmitarbeitern im Investitionsgütervertrieb zusammen. Viele von ihnen haben eine Ausbildung im technischen Bereich, sind Ingenieure oder Techniker, wie etwa in der Energiewirtschaft oder im Anlagenbau. Viele andere wiederum haben eine Ausbildung in der Branche gemacht, in der heute ihre Kunden sind, wie beispielsweise ehemalige Köche und Metzger, die jetzt Großküchentechnik an Hotels und Caterer verkaufen.

Alle diese Menschen, die ich im Laufe der Jahre kennen gelernt habe, haben eines gemeinsam: Sie sind zum Handwerk „Verkaufen" eher zufällig gekommen. Meist, weil jemand erkannt hat, dass der eine oder andere besonders gut auf andere Menschen zugehen kann. Oft auch deswegen, weil sie vor ihrer Verkäuferlaufbahn als Anwendungsberater erste Kundenkontakte hatten.

Die Zahl der Menschen, die gern im Außendienst arbeiten, wird immer kleiner. Wenn wir heute einen Blick auf die demografische Struktur im Außendienst werfen, so können wir eines feststellen: Das Durchschnittsalter im Außendienst beträgt weit über 40 Jahre. Das liegt unter anderem daran, dass sich viele von Ihnen nach der Ausbildung erst einmal Ihre Sporen in anderen Bereichen verdient haben. Das liegt vor allem auch daran, dass immer weniger Menschen bereit sind, in den Vertrieb zu wechseln, wenn sie erst einmal in anderen Bereichen „sesshaft" geworden sind.

Mit diesem Buch möchte ich Ihnen Mut machen zu verkaufen. Mut, den Kontakt mit Ihren Kunden aktiv zu suchen und Ihre Kunden davon zu überzeugen, dass es richtig ist, mit Ihnen und dem Unternehmen, für das Sie tätig sind, zusammenzuarbeiten. Mut machen, das zu tun, was ein Unternehmen erst richtig erfolgreich macht: Verkaufen.

Verkaufen ist ein Handwerk wie alle anderen Aufgaben auch. Nur gut reden zu können hat noch keinen Verkäufer erfolgreich gemacht, vor allem nicht im Investitionsgütervertrieb. In den folgenden Kapiteln lernen Sie, wie Sie Ihrer täglichen Arbeit eine Struktur geben, die Sie noch erfolgreicher macht. Und wenn Sie bis heute keinen Spaß am Verkaufen hatten – dann hoffe ich, dass sich das mit der Lektüre dieses Buches ändern wird. Anders als viele Standardwerke, die zum Teil auch in diesem Buch zitiert werden, lege ich den Schwerpunkt auf das Verkaufen von Investitionsgütern aus der Sicht des Verkäufers. Denn letztlich sind Sie es, die einen entscheidenden

Einfluss darauf haben, ob ein Produkt erfolgreich am Markt platziert wird oder nicht.

Die Unternehmensleitung bekommt mit diesem Buch einen wertvollen Einblick darin, was der Verkäufer im Außendienst benötigt, um noch erfolgreicher verkaufen zu können. Denn der Außendienst ist der Markt, der – vor allen anderen – zuerst erschlossen werden muss.

Für die Verkäufer unter Ihnen habe ich einige Praxis-Checklisten erstellt, die Sie sich für den täglichen Gebrauch herunterladen können. Dazu genügt eine kurze E-Mail an „checkliste@optivend.com" und Sie erhalten sofort den Link zum Downloadbereich unserer Website.

Ach ja, noch etwas: In der Praxis gibt es Dutzende von Bezeichnungen für Ihre Aufgabe im Vertrieb. Da gibt es Vertriebsbeauftragte (das trifft es in der Regel), Außendienstler (das sind Sie meistens auch), Regionalverkaufsleiter, Verkaufsleiter, Vertriebsingenieure, Anwendungsberater und so weiter. Ich benutze in diesem Buch den Begriff „Verkäufer", und zwar als Gattungsbegriff, der für den besseren Lesefluss für beide Geschlechter gelten soll. Denn allein durch das Verkaufen seiner Produkte und Dienstleistungen kann ein Unternehmen Umsatz und Deckungsbeiträge generieren.

Verkaufen ist Königsdisziplin – darauf können Sie stolz sein. Viel Spaß!

2 Der Investitionsgütervertrieb und seine Besonderheiten

> **In diesem Kapitel erfahren Sie ...**
> - ... wann ein Gut ein Investitionsgut ist.
> - ... wann die Nachfrage nach Investitionsgütern steigt.
> - ... welche Arten des Investitionsgütergeschäfts es gibt.
> - ... warum auch bei Investitionsgütern das Marketing immer wichtiger wird.
> - ... welche Arten von Innovationen es gibt – und welche Bedeutung sie haben.

Was ist eigentlich ein Investitionsgut? Lassen Sie uns zunächst einmal festhalten, wo der Unterschied zwischen Investitionsgütern und Konsumgütern besteht: Ein Konsumgut wird vom Endverbraucher, also vom Konsumenten, nachgefragt und gekauft. Ein Investitionsgut wird in der Regel von Organisationen (also Unternehmen) nachgefragt, um damit Konsumgüter herzustellen.

Beispielsweise kauft ein Automobilhersteller eine Lackieranlage (Investitionsgut), die helfen soll, die Herstellung eines Autos (Konsumgut) zu vereinfachen. Oder ein Küchenchef eines Restaurants kauft einen neuen Herd (Investitionsgut), ohne den er nicht die Speisen (Konsumgüter) für seine Gäste herstellen kann. Kauft sich aber ein Privathaushalt einen neuen Herd, so ist dieser wieder ein Konsumgut. Denn er steht beim Endverwender und wird nicht als Hilfsmittel innerhalb der Wertschöpfungskette eingesetzt. Ein Auto wiederum ist für einen Taxifahrer kein Konsumgut mehr, sondern ein Investitionsgut – denn er verdient seinen Lebensunterhalt damit.

> **Merke**
> Investitionsgüter lassen sich nicht anhand technischer Merkmale beschreiben, sondern über die Zielgruppe und den damit verbundenen Verwendungszweck.

Trotzdem kommt es in der Praxis manchmal zu Verwirrungen, da der Begriff „Investitionsgut" missverständlich aufgefasst werden kann. Beispielsweise kann man sagen, dass es sich im Investitionsgüterbereich um Güter handelt, die ein Unternehmen einkauft und nicht eine Privatperson. Das stimmt so nicht immer. Auch im gewerblichen Bereich gibt es Anschaffungen, für die keine ausdrückliche Investitionsentscheidung getroffen wird, wie beispielsweise der Einkauf von Büromaterial in geringen Mengen. Wir haben also eine gewisse Vorstellung vom Begriff „Investition" in unseren Köpfen.

Einigen wir uns also darauf, dass wir im Folgenden mit Investitionsgütern Produkte meinen, die ein Unternehmen benötigt, um ein Produkt herstellen zu können. Das können also sowohl Anlagegüter (zum Beispiel Maschinen) sein als auch Verbrauchsgüter, wie Roh- und Hilfsstoffe.

Welchen Stellenwert hat der Investitionsgüterbereich in Deutschland? Das kann man daran ablesen, welchen Anteil die Hauptanwendungsgebiete des Investitionsgüterbereichs in Deutschland an der Bildung des Bruttoinlandsproduktes einnehmen: Der Anteil des produzierenden Gewerbes als Einsatzgebiet von Investitionsgütern liegt bei etwa einem Drittel des Bruttoinlandsproduktes. Zieht man auch die wichtigen Wirtschaftszweige Handel und Verkehr hinzu, können wir sogar von fast der Hälfte des Bruttoinlandsprodukts sprechen.

> **Merke**
> Sie haben als Verkäufer im Investitionsgüterbereich nicht nur eine verantwortungsvolle Aufgabe, sondern auch unmittelbaren Einfluss auf das Bruttoinlandsprodukt Ihres Landes.

Noch etwas ist für den Investitionsgütervertrieb von besonderer Bedeutung: Die Nachfrage nach Investitionsgütern ist eine sogenannte „abgeleitete Nachfrage", die sich aufgrund einer gestiegenen oder veränderten Nachfrage der Konsumenten nach den Endprodukten ableitet. Es sind also letztlich die privaten Haushalte und deren Ausgabebereitschaft, die über die Nachfrage nach Investitionsgütern mit entscheiden.

Auch ein Autohersteller wird erst in neue Maschinen investieren, wenn er die steigende Nachfrage nach seinen Autos sieht oder zumindest vorhersieht. Und auch ein Hotelier wird erst dann seine Küche modernisieren, wenn er dadurch entweder mehr Geschäft im Restaurant erwarten kann oder bereits so viele neue Gäste hatte, dass nun eine Modernisierung notwendig wird – und auch bezahlbar ist.

Ein weiteres wesentliches Merkmal des Investitionsgütervertriebs ist, dass Sie in der Regel nicht an einzelne Personen verkaufen, sondern an ein Gre-

Quelle: Richter, 2001, S. 23

Abbildung 1: Wirkungskette der Nachfrage

mium aus unterschiedlichen Personen, die den Entscheidungsprozess maßgeblich beeinflussen. Das ist das „Buying Center", auf das ich im weiteren Verlauf noch ausführlich eingehen werde. Und auch das Verkaufen selbst dauert im Investitionsgütervertrieb oft mehrere Monate, manchmal sogar Jahre.

Ich spreche hier – und auch im Folgenden – nicht vom Ersatzteilgeschäft, das ja auch zum Investitionsgüterbereich zählt. In diesem Buch geht es vornehmlich darum, wie Sie mehr Erfolg beim Gewinnen **neuer Kunden** haben.

Die gute Nachricht ist: Der Verkauf von Investitionsgütern lebt vom „**Personal Selling**", also vom persönlichen Verkauf. Sie brauchen sich also keine Gedanken zu machen, ob Ihr Arbeitsplatz künftig noch benötigt wird. Wenn Sie erfolgreich sind und wenn Ihr Unternehmen auch in Zukunft noch Investitionsgüter verkaufen will, dann braucht es auch Sie.

Denn Ihr Angebot richtet sich in der Regel nicht – wie im Konsumgüterbereich – an einen anonymen Massenmarkt, sondern an einzelne Kunden. Diese wollen und müssen persönlich betreut werden, und somit haben diese Kunden in Ihrem Unternehmen auch ein „Gesicht".

Genauso, wie es auf der Seite Ihres potenziellen Kunden ein „**Buying Center**" gibt, so gibt es in der Regel auf Ihrer Seite ein „**Selling Center**", also die Gruppe von Menschen, die mit Ihnen zusammen direkt am Verkaufen beteiligt ist. Das können Techniker, Anwendungsberater, Innendienstmitarbeiter, Vertriebsleiter, Marketingleiter, Entwickler oder Konstrukteure sein.

Für Sie als Verkäufer ist wichtig zu wissen, dass die vom Kunden geforderte Leistungserbringung oft weit über die eigentliche technische Problemlösung hinausgehen kann. Ihre Kunden können beispielsweise weitere Dienstleistungen wie Auftragsfinanzierung, übergeordnete Projektabwicklung oder auch das Betreiben einer Anlage von Ihnen fordern. Ihre Investitionsgüter sind also keine isolierten Produkte mehr, wie dies früher der Fall war. Heute ist es üblich, individuell auf den Kunden zugeschnittene Leistungspakete zu entwickeln und anzubieten.

Auch wenn nach wie vor Technik und die damit einhergehende Technologie eine wichtige Rolle spielen: Je vergleichbarer Ihre Produkte mit denen Ihrer Wettbewerber sind, desto wichtiger ist für Sie als Verkäufer, dass Sie Ihr Angebot mit Zusatzleistungen „anreichern".

> **Wir können festhalten:**
> Der Vertrieb im Investitionsgüterbereich ist eine hochkomplexe Angelegenheit, die einem strukturierten Beschaffungsprozess auf der einen Seite und einem sich logisch daran anlehnenden Verkaufszyklus folgt.

Das Ergebnis kann sich sehen lassen: Wenn Sie strukturiert in Ihrem Verkaufszyklus erfolgreich sind, dankt Ihnen der Kunde dies mit einer in der Regel dauerhaften Geschäftsbeziehung. Das professionelle Beziehungsmanagement wird demnach zu einer Ihrer Hauptaufgaben im Verkauf von Investitionsgütern.

Die Arten des Investitionsgütervertriebs

Warum kann es sinnvoll sein, im Investitionsgütervertrieb Unterschiede zu machen? Ganz einfach. Es ist ein großer Unterschied, ob ein Unternehmen eine komplette Lackieranlage kauft oder ein Druckluftsystem oder ob es Granulat für seine Spritzgussanlagen benötigt – oder vielleicht auch „nur" einen neuen Fotokopierer. Die Unterschiede liegen nicht nur im finanziellen Bereich, sondern auch im jeweiligen Einsatz der verschiedenen Marketinginstrumente.

Wie lassen sich die unterschiedlichen Geschäftstypen bestimmen? Nach Klaus Backhaus, Professor an der Universität Münster und Direktor des Instituts für Anlagen und Systemtechnologien, können wir vier unterschiedliche Ausprägungen von Geschäftstypen erkennen und als Definition gelten lassen (Backhaus, 2003, S. 324):

- das Produktgeschäft,
- das Zuliefergeschäft,
- das Systemgeschäft,
- das Anlagengeschäft.

Das Produktgeschäft

Im Produktgeschäft werden Leistungen einer breiten Masse und damit einem eher anonymen Markt angeboten, die zu einem isolierten Einsatz bei den Abnehmern bestimmt sind. In der Praxis können wir noch eine weitere Unterscheidung vornehmen – nämlich die zwischen „Einzelaggregaten", wie einem Kopiergerät, und den sogenannten „Komponenten", also Teilen für Maschinen, wie etwa Reifen für LKW. Im Marketing weist das Produktgeschäftmarketing die größte Ähnlichkeit mit dem klassischen Konsumgütermarketing auf – denn auch dort wird eine anonyme Menge angesprochen.

Das Zuliefergeschäft

Die Kunden im Zuliefergeschäft bezeichnen wir auch als „OEM-Kunden". OEM steht für „Original Equipment Manufacturer". Hersteller also, die bei Ihnen Komponenten einkaufen, um sie dann weitgehend unverändert in die von ihnen selbst hergestellten Produkte einzubauen. In den meisten Branchen führt dies zu einer engen Partnerschaft zwischen dem Zulieferer und dem OEM, ein gutes Beispiel hierfür ist die Partnerschaft zwischen Volkswagen als Fahrzeughersteller und Continental als Reifenlieferant. Ein wesentliches Merkmal dieses Geschäftes ist, dass auch die Entwicklungsabteilung des Zulieferers eng mit dem OEM vernetzt ist, um Komponenten speziell und oftmals aufgrund genauer Vorgaben des Abnehmers zu entwickeln.

Das Systemgeschäft

Im Systemgeschäft haben Sie als Verkäufer die Aufgabe, Ihr Produkt oder Ihre Leistung eng mit anderen Produkten zu verzahnen. Beispielsweise sind Lieferanten im hart umkämpften Markt der Bürokommunikation immer mehr gefordert, ihr Produkt für andere Technologien zu öffnen oder zumindest kompatibel zu machen, damit am Ende des Tages ein funktionierendes

System ohne Insellösungen existiert. Nachfragende Kunden schaffen diese Leistungen allerdings in der Regel nicht als komplett fertiges Paket an, sondern kaufen vielmehr die Einzelbestandteile oder Teilsysteme, um sie zu einem Gesamtsystem zusammenzufügen.

Die Systemarchitektur – und damit die Grundentscheidung für den weiteren Ausbau – wird dabei durch die Anfangsinvestition vorgegeben. Alle darauf aufsetzenden Komponenten müssen den Anforderungen der Systemarchitektur folgen. Für den Kunden verkleinert sich so der Kreis an potenziellen Lieferanten – in einigen Fällen entsteht mit der Entscheidung für eine bestimmte Systemarchitektur sogar eine hohe Abhängigkeit vom Lieferanten. Ein gutes Beispiel hierfür waren in der Vergangenheit die großen Softwarehäuser wie SAP oder Microsoft. Hat man sich einmal für ein System entschieden, steigt die Abhängigkeit.

Das Anlagengeschäft

Das wesentliche Merkmal des Anlagengeschäfts ist, dass Leistungen als geschlossenes Angebot vermarktet werden. Dieses Angebot kann sowohl von einem einzigen Lieferanten als auch von mehreren Lieferanten (wie beispielsweise einer Arbeitsgemeinschaft oder einem Konsortium) erstellt werden. In der Regel sind die Leistungen im Anlagengeschäft hochkomplex und dienen zur Herstellung weiterer Investitionsgüter. Beispiele hierfür sind Stahl- und Walzwerke, Kraftwerke oder Raffinerien.

Nach Peter Godefroid, Professor für Marketing an der Fachhochschule für Wirtschaft in Berlin, können wir diese vier Geschäftsarten noch in weitere Dimensionen aufteilen. Einerseits können wir unterscheiden, ob ein Geschäft als Einzeltransaktion durchgeführt wird oder im Rahmen eines Kaufverbundes, wie bei immer wiederkehrenden Bestellungen innerhalb eines Rahmenvertrags.

Zusätzlich können Sie unterscheiden, ob sich Ihr Angebot an einen einzelnen Kunden oder an einen ganzen Markt bzw. ein Marktsegment richtet, die in der Regel eher eine anonyme Menge darstellen.

Abbildung 2 zeigt Ihnen deutlich, wie die unterschiedlichen Geschäftsarten mit den Dimensionen „Kaufverbund" und „Transaktionsform" zusammenwirken.

Überlegen Sie einmal selbst, wie die Produkte, die Sie tagtäglich verkaufen, einzuordnen sind. Stellen Sie sich vor, Sie verkaufen Computer. Hier kön-

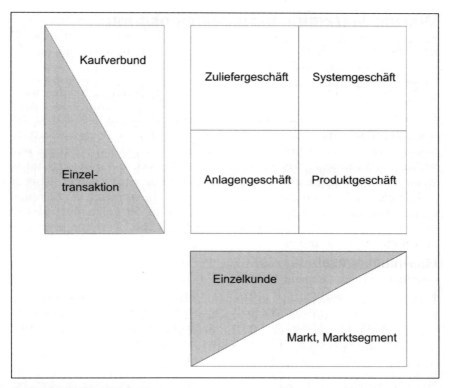

Quelle: Godefroid, 2000, S. 30
Abbildung 2: Einordnung der Geschäftsarten für Investitionsgüter

nen Sie sowohl im Produktgeschäft arbeiten (wenn der Computer als Einzelgerät angeschafft wird) als auch im Systemgeschäft, wenn Sie Computer für ein Firmennetzwerk anbieten.

> **Merke**
>
> Die Unterscheidung, in welchem Geschäftsfeld Sie sich gerade bewegen, liegt nicht im Produkt, sondern vielmehr im Verwendungszweck beim Kunden.

Viele Unternehmen gehen dazu über, für jede Geschäftsart unterschiedliche Verkäufer einzustellen, die besonders für die eine oder andere Geschäftsart geeignet sind. Das macht häufig sogar schon deswegen Sinn, weil sich die Anzahl der Kunden und der Kundenkontakte deutlich unterscheidet.

Warum Marketing für Investitionsgüter immer wichtiger wird

In der Vergangenheit waren die Begriffe „Marketing" und „Investitionsgüter" zwei grundsätzlich nicht miteinander vereinbare Pole.

Das Marketing konnte sich in der technologiegetriebenen Welt der Investitionsgüter nur schwer einen Platz erobern, an dem es seine Daseinsberechtigung unter Beweis stellen konnte. Eine wesentliche Ursache war die weit verbreitete Auffassung, dass technische Produkte sich von selbst verkaufen, wenn sie denn nur gut genug sind. Zudem sind Investitionsgüter teilweise so komplex und aufwändig, dass die klassischen Instrumente des Konsumgütermarketings hier nicht zur Geltung kamen. In der Folge führte das zu einer Dominanz der Ingenieure, die absatzpolitische Überlegungen häufig in den Hintergrund drängte.

Heute sieht die Welt etwas anders aus. Für die meisten Arten von Investitionsgütern gibt es viel mehr Wettbewerb als früher.

Je intensiver der Wettbewerb ist, desto intensiver richten sich Hersteller von Investitionsgütern auf den Markt aus. Wulff Plinke, Professor an der Berliner Humboldt-Universität und Dekan der ESMT European School of Management and Technology, hat dies treffend herausgearbeitet und eine schematische Darstellung entwickelt, die Abbildung 3 zeigt.

Wir können dies heute noch bei vielen mittelständischen Unternehmen beobachten. Der Gründer, der gleichzeitig auch häufig der Erfinder eines bestimmten Produktes war, kann sich nur schwer mit dem Gedanken anfreunden, dass Marketing ihm beim Verkauf seiner Produkte helfen könnte. Allzu oft wird immer noch gedacht: „Wenn wir nur bessere Produkte bauen, werden die sich schon verkaufen".

Allerdings: Heute entscheidet nicht mehr der Hersteller, ob ein Produkt gut ist oder nicht, sondern der Kunde. Wenn der Kunde sagt „Das ist für mich in Ordnung", braucht ein Hersteller auch nur die gewünschte Qualität zu bauen und anzubieten.

Ich bin sicher: Jetzt geht ein Aufschrei durch ganze Heerscharen von Entwicklungsingenieuren, die alle beste Qualität liefern. Seien Sie beruhigt: Diese Aussage gilt natürlich auch in die Gegenrichtung: Ein Kunde kann durchaus eine bessere Qualität verlangen, als es ein bestimmter Hersteller gerade zu bauen vermag. Und der Wunsch nach „so gut wie nötig" bedeutet ja nicht, dass Ihr Produkt deswegen schlecht sein muss. Es muss eben „nur" marktfähig sein.

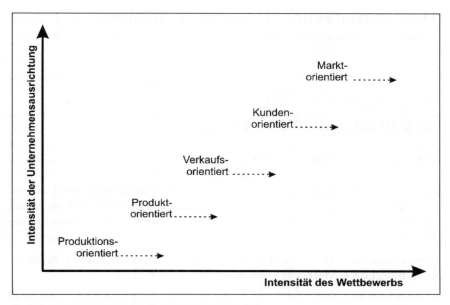

Quelle: Plinke in Kleinaltenkamp/Plinke, 2000, S. 108

Abbildung 3: Unternehmensausrichtung im Wettbewerb

Was nützt es einem Kunden, wenn er ein bestimmtes Produkt nur acht bis zehn Jahre benötigt, weil es danach komplett veraltet sein wird, aber der Hersteller eine Bauqualität liefert, die das Produkt auch nach 30 Jahren immer noch laufen lässt?

> **Merke**
>
> Auch im Investitionsgütergeschäft gilt: Produkte müssen nicht so gut wie möglich sein, sondern so gut wie nötig. Das senkt Herstellkosten auf Produzentenseite ebenso wie die Beschaffungskosten auf Seiten der Kunden.

Marketing in diesem Bereich bedeutet vor allem herauszufinden, was die Kunden wirklich für welchen Zweck und welche Anforderungen benötigen – und dann die entsprechenden Güter zu einem akzeptablen Preis herzustellen und anzubieten.

Mittlerweile wissen wir, dass Produkte, die in technischer Hinsicht besser sind als die des Wettbewerbers, nicht immer die erfolgreichsten am Markt sind. Das bringt uns zum nächsten Kapitel: Die Notwendigkeit, auch bei

Investitionsgütern immer wieder innovativ zu sein – und zwar so, dass den Wünschen der Kunden gefolgt wird und nicht nur den Ideen der Forschungs- und Entwicklungs-Abteilung.

Innovationen als Wachstumsmotor für den Investitionsgütervertrieb

Sie brauchen neue Produkte

Haben Sie auch schon einmal festgestellt, dass sich in Ihrem Umfeld immer mehr Wettbewerber am Markt etablieren möchten? Damit sind Sie nicht allein. Heute wird es immer schwieriger, sich erfolgreich am Markt zu behaupten.

Für die steigende Wettbewerbsintensität gibt es drei wesentliche Ursachen, die sich bezeichnenderweise sogar gegenseitig verstärken:

- die Globalisierung,
- die zunehmende Marktsättigung,
- die Verkürzung von Produktlebenszyklen.

Die Globalisierung

Die Einführung neuer Produkte wird so für die Hersteller von Investitionsgütern eine notwendige Pflichtübung, um in den sich immer rascher verändernden Märkten auch weiterhin erfolgreich bestehen zu können. Zu groß ist nämlich mittlerweile die Zahl der Nachahmer, die ein hervorragendes und vor allem bewährtes Produkt in ähnlicher Form billiger produzieren.

Die Möglichkeiten für Transport und Kommunikation sind im Zuge der Globalisierung immer effizienter geworden. Kunden, die früher gezwungen waren, ihre Güter regional einzukaufen, um eine Versorgungssicherheit zu gewährleisten, können sich heute auf globalen Marktplätzen nach neuen Anbietern umschauen und unter einer gestiegenen Zahl vergleichbarer Güter und Preismodelle auswählen. Dieses Phänomen nennt man „Global Sourcing" – und wir können es nicht ignorieren.

Als Verkäufer von Investitionsgütern müssen Sie sich heute also nicht mehr gegen regionale Konkurrenten durchsetzen, sondern gegen globale Wettbewerber. Gleichzeitig sinkt in vielen Branchen die Anzahl der potenziellen

Kunden. Dies ist ebenfalls eine Folge der zunehmenden Globalisierung – denn der international starke Druck zwingt viele Hersteller, sich zusammenzuschließen, damit sie weiter im Markt bestehen können. Es ist nur eine logische Folge, dass nach Zusammenschlüssen oder Übernahmen von Unternehmen auch die Einkaufs-Gepflogenheiten einander angeglichen werden, um Synergien zu schaffen und so die Kosten zu senken.

Wenn Sie vor fünf oder zehn Jahren noch drei oder vier unterschiedliche Ansprechpartner hatten, kann dies heute nur noch einer sein – einfach weil die Unternehmen heute zu einem einzigen zusammengewachsen sind.

Zunehmende Marktsättigung

Als Verkäufer befinden Sie sich zunehmend in einem Verdrängungswettbewerb. Und – je vergleichbarer Ihre Produkte mit denen Ihrer Wettbewerber sind, desto wichtiger wird, wie gut Sie Ihre Produkte am Markt verkaufen.

> **Merke**
> Es stehen also nicht nur Produkte und Leistungen miteinander im Wettbewerb, sondern zunehmend die Verkäufer der einzelnen Hersteller.

Das heißt natürlich nicht, dass immer bei demjenigen gekauft wird, dessen „Nase" einem Einkäufer am besten passt – aber professionelles und konsequentes Beziehungsmanagement wird zunehmend zu einer Ihrer stärksten Waffen in der Schlacht um die Kunden.

Verkürzung von Produktlebens- und Innovationszyklen

Heute spielt der Faktor Zeit eine immer wichtigere Rolle im Wettbewerb mit anderen Herstellern. Das bedeutet: Ihr Unternehmen muss nicht nur die verlangte Qualität liefern, sondern zusätzlich auch immer versuchen, einen zeitlichen Vorsprung gegenüber der Konkurrenz herauszuarbeiten. So ist vor allem wichtig, immer das „Ohr im Markt" zu haben – also aktuelle Kundenbedürfnisse nicht nur zu erkennen, sondern auch in innovative Produkte umzusetzen.

Ein zeitlicher Vorsprung schafft Wettbewerbsvorteile, das ist nach wie vor unbestritten. Denn als erster Hersteller einer bestimmten Lösung haben Sie immer eine (zeitlich befristete) Monopolstellung im Markt. Logisch, dass Sie dann auch höhere Preise für Ihre Lösung verlangen können – schließlich sind Sie der Einzige, bei dem Kunden diese Lösung kaufen können.

Gleichzeitig ändern sich, auch getrieben durch sich immer rascher verändernden Märkte und Konsumgewohnheiten, auch die Lebenszyklen von Investitionsgütern.

Innerhalb der letzten 30 Jahre haben sich die Produktlebenszyklen unterschiedlicher Branchen drastisch verkürzt, wie Abbildung 4 zeigt.:

Zeitraum Branche	70er Jahre	80er Jahre	90er Jahre
Anlagenbau	13 Jahre	11 Jahre	9 Jahre
Chemische Industrie	10 Jahre	9 Jahre	6 Jahre
Elektrotechnik	12 Jahre	8 Jahre	6 Jahre
Fahrzeugbau	11 Jahre	9 Jahre	7 Jahre
Informationstechnik	11 Jahre	8 Jahre	5 Jahre
Maschinenbau	12 Jahre	9 Jahre	7 Jahre
Durchschnitt	11 Jahre	9 Jahre	6 Jahre

Quelle: Meffert, 2000, S. 389

Abbildung 4: Entwicklung der Produktlebenszyklen unterschiedlicher Branchen nach Meffert

Was ist die Kehrseite der Medaille? Durch den immer stärker werdenden Innovationsdruck sind Hersteller von Investitionsgütern einer größeren Gefahr ausgesetzt, dass sie Neuentwicklungen zu früh auf den Markt bringen. Nur um schneller zu sein als die Konkurrenz. Es kommt durchaus vor, dass Produkte eingeführt werden, die zum Zeitpunkt des Markteintritts noch nicht marktreif sind. Die Produktentwicklung und das Produktmanagement sind so immer stärker gefordert.

Für die Innovation sind diese Abteilungen von zentraler Bedeutung, da sich beinahe täglich neue Anwendungsgebiete eröffnen. Gleichzeitig ist die Produktentwicklung gefordert, immer wieder aufs Neue die einmal erarbeiteten Vorteile gegenüber der wachsamen Konkurrenz zu verteidigen und wenn möglich auszubauen.

Sie erkennen das Zusammenspiel zwischen der Notwendigkeit zur Innovation und der immer wichtiger werdenden Funktion des Marketings? Gut – im weiteren Verlauf des Buches werden wir immer wieder hierauf Bezug nehmen.

Der amerikanische Marketing-Guru Philip Kotler hat dazu einen entscheidenden Satz geprägt: „Investitionsgüterhersteller haben zwei wesentliche Funktionen – Innovation und Marketing". Das mag auf den ersten Blick etwas plakativ klingen, trifft aber in seiner Einfachheit den Kern. Denn schließlich werden hier die beiden kriegsentscheidenden Bereiche eines Unternehmens miteinander verzahnt.

Als Verkäufer wissen Sie ja, dass nicht alle Neuerungen sich auch wirklich am Markt etablieren. In einigen Branchen kommt gerade einmal ein Viertel aller Neuentwicklungen überhaupt bis in den Vertrieb. Und auch in der Phase der Markteinführung scheitern rund ein Drittel aller neuen Produkte. Die Quote der neuen Produkte, die im Markt erfolgreich sind, liegt einigen Untersuchungen zufolge lediglich bei 1:6.

Jetzt könnten Sie sagen: Was kümmert uns das im Vertrieb? Wir versuchen, das zu verkaufen, was uns mit auf den Weg gegeben wird – die Entscheidung, ob ein Produkt auf den Markt kommt oder nicht, treffen ja nicht wir.

Nun, auf den ersten Blick mögen Sie sogar recht haben. Auf den zweiten Blick jedoch sind die Außendienstmitarbeiter mit Kundenkontakt ein wesentlicher Informationslieferant und auch Ideenlieferant für das Marketing und die Produktentwicklung. Verkäufer sein bedeutet nicht nur „senden", sondern in fast demselben Maße auch „empfangen". Als Ohr am Markt wissen Sie meist lange vor den internen Abteilungen, was die zukünftigen Wünsche Ihrer Kunden sind.

> **Merke**
> Als Verkäufer von Investitionsgütern sind Sie die Primärmarktforscher Nr. 1 in Ihrem Unternehmen. Alles, was Sie an Wissen von „draußen" mitbringen, kann Ihrem Unternehmen helfen, noch näher am Kunden zu arbeiten.

Je besser Sie in der Lage sind, sich in die individuelle Situation Ihrer Kunden hineinzuversetzen, und je besser Sie in der Lage sind, diese Situation auch in veränderte Anforderungen an Produkt und Leistung zu übersetzen, desto wertvoller wird Ihr Beitrag zum Markterfolg von neuen Produkten.

Wie neue Produkte entstehen

Nicht jede Innovation bedeutet auch gleich, dass daraus ein komplett neues Produkt entsteht. Und nicht jede Innovation benötigt dieselben Ressourcen im Unternehmen.

Schauen wir uns zunächst einmal die Innovationsarten aus der Sicht eines Investitionsgüterherstellers an. In der Praxis unterscheidet man hier drei Arten von Innovationen:

- Basis-Innovationen
- Verbesserungs-Innovationen
- Routine-Innovationen

Basis-Innovationen

Die erfolgreiche Einführung neuer Technologien wird in der Regel als „Basis-Innovation" bezeichnet. Erfolgreich wird eine neue Technologie dann, wenn a) deren Nutzungspotenziale weitaus höher sind als mit der vorhergegangenen Technologie und b) der Markt für diese Technologie reif war.

Beispiel

> Das Prestigeobjekt „Transrapid". Ohne Zweifel haben wir es hier mit einer grundlegend neuen Technologie für den Vortrieb von Zügen zu tun. In Europa mit seiner stark ausgebauten Verkehrsinfrastruktur ist es schwer zu vermitteln, warum die Nutzungspotenziale dieser Technologie höher sein sollen als beim „konventionellen" Antrieb auf Rädern. Gut möglich, dass der Markt in absehbarer Zukunft reifer ist, diese Technologie anzunehmen (und auch die Preisbereitschaft dafür hervorzubringen). Zum heutigen Zeitpunkt ist dies in entwickelten Gebieten eher unwahrscheinlich, da mit der Anschaffung der Technologie hohe zusätzliche Investitionen in die umgebende Infrastruktur verbunden sind – ohne einen wirklich erkennbar höheren Nutzen für den Reisenden. Auf der „grünen Wiese", wie in sich rasch entwickelnden Ländern wie China oder Indien, ist dies sicherlich anders. Dort muss keine bestehende Infrastruktur verdrängt werden, um Platz zu schaffen für neue Technologien.

Das ist allerdings kein Grund, aufzugeben oder gar den Kopf in den Sand zu stecken. Denn Basis-Innovationen sind genau die Innovationen, die den eigentlichen Motor des gesellschaftlichen Wandels darstellen und darüber hinaus den Startschuss für lang anhaltende Wachstumsphasen bilden.

Ganze Industrien sind aus Basis-Innovationen hervorgegangen – mit einer immensen volkswirtschaftlichen Bedeutung. Denken Sie nur einmal an Dampfmaschine, Webstuhl, Telefon, Computer oder Mobiltelefon. Wer hier Erster ist und eine marktreife neue Technologie zur Verfügung stellen kann, hat betriebswirtschaftlich gesehen allerbeste Chancen. Allerdings trägt er auch das höchste Risiko – denn Basis-Innovationen sind die am schwersten zu vermarktenden. Und die Entwicklungskosten sind, verglichen mit Verbesserungs- oder Routine-Innovationen, extrem hoch.

Und wenn Ihr Unternehmen einmal nicht der Erste ist? Natürlich ist es schön und gut für das Image, erfolgreich eine „First-to-Market"-Strategie umgesetzt zu haben. Allerdings ist es auch kein Beinbruch, Zweiter zu sein oder Dritter – solange die Positionierung und damit die Abgrenzung zum Wettbewerb stimmt.

Gefährlich wird es nur, wenn ein Hersteller von Investitionsgütern eine neue Technologie einfach „verschläft" oder den Trend nicht erkennt.

Beispiel

> In Deutschland haben wir ein anschauliches Beispiel: Ein Hersteller von unwahrscheinlich guten Fotoapparaten hat sich viel zu lange an der Technologie der analogen Bildaufnahme festgehalten – und den digitalen Fortschritt damit komplett verschlafen: Leica. Das hauptsächliche Argument des Unternehmens war, dass die Qualität digitaler Aufnahmen nicht mit derer analoger Kameras mithalten könne. Inhaltlich stimmte das sogar lange Zeit – und doch wollten die Kunden keine analogen Kameras mehr kaufen, weil das Arbeiten mit digitalen Bildern weit bequemer ist.

Verbesserungs-Innovationen

Weitaus weniger Risiko tragen Hersteller von Innovationsgütern bei sogenannten „Verbesserungs-Innovationen". Mit Verbesserungen an bekannten Produkten kann ein Unternehmen seine Innovationsfähigkeit und seine Innovationsbereitschaft unter Beweis stellen, ohne gleich den ganz großen Wurf einer Basis-Innovation wagen zu müssen. Bei Verbesserungs-Innovationen bleiben im Grunde alle wesentlichen Merkmale eines Produktes erhalten – aber dessen Einsatz und Anwendung wird für den Kunden einfacher oder schneller oder kostengünstiger.

Routine-Innovationen

Mit Routine-Innovationen hat Ihr Unternehmen als Hersteller von Investitionsgütern die Chance, bestehende Produkte an den technischen Fortschritt anzupassen und erneut in den Markt einzuführen. Widerstand von Kunden ist hier in der Regel nicht zu erwarten – im Gegenteil: Kunden erwarten von einem Hersteller sogar, dass er mit dem technischen Fortgang Schritt hält und nicht plötzlich das Schlusslicht bildet.

Innovationsarten Konsequenzen + Voraussetzungen	Basis-Innovation	Verbesserungs-Innovation	Routine-Innovation
Schwerpunkte der F + E-Tätigkeit	Grundlagenforschung	Angewandte F+E-Aktivitäten	Anwendungstechnik
Art des Fortschritts	wissenschaftlicher Fortschritt	technologischer Fortschritt	technischer Fortschritt
Ressourcenaufwand	hoch	mittel	niedrig
Innovationsbarrieren im Markt	gegebenenfalls hoch	durchschnittlich	gering
Chance auf Erhöhung der Wettbewerbsfähigkeit	überproportional	proportional	unterproportional
Innovationsrisiko	hoch	mittel	niedrig
Ergebnissteigerungspotenzial	überdurchschnittlich	durchschnittlich	eher gering

Quelle: Becker, 2001, S. 158
Abbildung 5: Unterschiedliche Innovationsarten

Abbildung 5 zeigt anschaulich, was die beschriebenen Innovationsarten voneinander unterscheidet.

Das war der Blick auf die Innovationsarten durch die Brille des Investitionsgüter*herstellers*. Sie als Verkäufer haben den unschätzbaren Vorteil, den Innovationsprozess auch durch die Brille Ihrer *Kunden* zu betrachten. Und hier haben wir Gelegenheit, auch die aktuelle Marktsituation und die Abgrenzung von Innovationen gegenüber der Konkurrenz zu beleuchten.

Ist ein neues Produkt aus Sicht des Kunden wirklich immer neu? Und wenn ja – wie neu ist es? Ein Kunde sieht das Ganze in der Regel frei von Emotionen und immer mit der Frage im Hinterkopf „Hilft mir diese Innovation, in meinem Geschäft besser zu bestehen oder nicht?"

So unterscheidet der Kunde – bewusst oder unbewusst – zwischen

- echten Innovationen,
- quasi-neuen Produkten und
- Me-too-Produkten.

Echte Innovationen haben starke Ähnlichkeit mit Basis-Innovationen aus der Sicht eines Herstellers. Es sind Entwicklungen, von denen auch die Kunden noch nicht genau wissen, um wie viel höher der damit verbundene Nutzen ist – wie viel besser also die Probleme im eigenen Haus damit gelöst werden können. So wurden die ersten Computer noch stark belächelt – und auch die ersten Taschenrechner. Bis schließlich der Markt erkannt hat, dass hier ein Technologiesprung stattgefunden hat, der am Ende die Miniaturisierung der elektronischen Bauteile zur Folge hatte.

Beispiel

> Kochen Sie zu Hause auf einem Induktionskochfeld? In Profiküchen gehört dies mittlerweile längst zum Standard. Und zwar nicht nur, weil das Aufheizen schneller geht als auf der herkömmlichen Gasflamme oder der Glühplatte. Der wesentliche Vorteil, den die Küchenchefs für sich erkannt haben, war: In der Küche ist es nun deutlich kühler als noch vor zehn Jahren, als die meisten Betriebe noch mit Gas gekocht haben und die Herde immer heiß waren. Die körperliche Belastung für die komplette Brigade ist dadurch geringer geworden – und damit auch der Krankenstand. Zusätzlich wird Lüftungsenergie eingespart. Ganz zu schweigen von den kochtechnischen Vorteilen, die damit einhergingen. Diese Entwicklung, die anfangs als Spielerei abgetan wurde, hat sich durchgesetzt.

Mit „quasi-neuen Produkten" sind aus Kundensicht Innovationen gemeint, die keine wirklichen technologischen Sprünge mitbringen – aber deutlich an bestehende Produktleistungen anknüpfen. Aus Herstellersicht ist hier häufig die Verbesserungs-Innovation gemeint – bekannte Nachteile bestehender Produkte konnten ausgemerzt werden und häufig gewünschte Verbesserungen konnten so in das Produkt übernommen werden, dass die Kunden sich nicht mit einem grundlegend neuen Produkt auseinandersetzen müssen. Das erspart auch den oft nicht unerheblichen Aufwand für die Einweisung der Anwender auf neue Produkte oder Technologien. Bestes Beispiel hierfür sind die Touchscreens am Geldautomaten.

Kommen wir zur letzten Gruppe, die durch die Brille der Kunden als Innovation wahrgenommen wird (auch wenn sie keine wirkliche Innovation darstellt): die Me-too-Produkte. Im Grunde nichts anderes als das, was bereits am Markt vorhanden ist. Aber – und das lässt die Kunden aufhorchen: Me-too-Produkte sind in der Regel deutlich günstiger in der Anschaffung. Schließlich liegt im Preis häufig auch die einzige Möglichkeit zur Unterscheidung.

> **Merke**
> Wenn Sie höhere Preise am Markt durchsetzen wollen, dann gibt es im Grunde nur ein Rezept, solange keine Verknappung herrscht: Bieten Sie Innovationen an, die Ihren Kunden einen wirklichen zusätzlichen Wertbeitrag bringen und für die Sie im Gegenzug auch höhere Preise fordern können.

Innovationsprozesse in Unternehmen müssen sich – bei allem gebührenden Respekt vor der Erfinderzunft – unbedingt an Kundenbedürfnissen orientieren und diese in den Mittelpunkt ihrer Arbeit stellen. Übrigens – mit Innovationen, die vom Markt gefordert werden, gehen Investitionsgüterhersteller auch das geringste wirtschaftliche Risiko ein. Schließlich sind die Markterschließungskosten für diese neuen Produkte überschaubar, wenn schon ausreichend Anzeichen bestehen, dass eine Innovation wirklich benötigt wird.

Wir können also zwischen zwei Auslösern von Innovationen unterscheiden:

- Kunden als diejenigen, die bestimmte Produktmerkmale bzw. bestimmte Problemlösungen aktiv einfordern (Pull-Innovation)
- Investitionsgüterhersteller, die von sich aus schauen, was den Kunden morgen helfen könnte, ihr Geschäft besser zu machen (Push-Innovation)

> **Das Wichtigste aus diesem Kapitel in Kürze**
> - Investitionsgüter werden durch ihren Verwendungszweck definiert.
> - Die Nachfrage nach Investitionsgütern ist eng mit dem Kaufverhalten der Verbraucher verknüpft.
> - Investitionsgüter werden in der Regel im personellen Vertrieb verkauft.
> - Marketing für Investitionsgüter ist wichtiger denn je.
> - Innovationen sind der Motor für Wachstum im Investitionsgüterbereich.

3 Struktur für fokussierten Vertrieb: Interaktionsmodelle für den personellen Verkauf

> **In diesem Kapitel erfahren Sie ...**
> - ... warum es Interaktionsmodelle im Investitionsgütervertrieb gibt.
> - ... welche verschiedenen Modelle für den personellen Verkauf existieren.
> - ... was wichtig ist, um in den jeweiligen Modellen erfolgreich zu sein.

Möglicherweise haben Sie es in Ihrer täglichen Arbeit schon festgestellt: Nicht jedes Unternehmen und auch nicht jedes Produkt oder jede Produktgruppe folgt denselben Gesetzmäßigkeiten in der Zusammenarbeit mit seinen Kunden. Was in dem einen Unternehmen sinnvoll und angebracht ist, mag für andere Unternehmen schon nicht mehr zutreffen. Einfach deswegen, weil sich Produkte, Kunden und Angebote zu sehr voneinander unterscheiden.

In meiner täglichen Arbeit mit Investitionsgüterherstellern unterschiedlichster Branchen bin ich auf die verschiedensten Formen der Zusammenarbeit von Herstellern mit ihren Kunden gestoßen. Die Bandbreite reicht von einer völlig unpersönlichen Form bis hin zur strategischen Allianz mit hohem Personaleinsatz. Die unpersönlichste Form ist die der reinen Trading-Plattform. Hier werden Produkte zu Spotmarktpreisen wie an der Börse gehandelt – und zwar elektronisch. Wie zum Beispiel Strom.

Da es in diesem Buch um den persönlichen Verkauf geht, den wichtigsten Wesenszug des Investitionsgütervertriebs, werde ich die beschriebene Form der Interaktion hier vernachlässigen. Schließlich haben wir zu Beginn definiert, dass der Investitionsgüterbereich vom personellen Vertrieb lebt – die persönliche Beziehung zwischen Hersteller und Kunden also unerlässlich ist.

Insgesamt können wir fünf unterschiedliche Modelle herausarbeiten, die die Interaktion zwischen Investitionsgüterhersteller und Kunden beschreiben. Ich habe zu Beginn schon einmal darauf hingewiesen: Heute geht es nicht mehr nur um das reine Produkt, sondern vielmehr darum, welche

Probleme Sie für Ihre Kunden lösen können und mit welchem zusätzlichen Leistungsangebot Sie dies tun. Genau an dieser Philosophie orientieren sich die Zusammenarbeitsmodelle.

Für Hersteller von Investitionsgütern ist wichtig zu entscheiden, welches Modell für die Marktbearbeitung am ehesten in Frage kommt – und mit welchen Modellen die größten Erfolgschancen bestehen, etwa indem sie sich deutlich zum Wettbewerb abgrenzen. Die Interaktionsmodelle im Einzelnen:

- Zuverlässige Grundversorgung mit einem Standardprodukt
- Hersteller und Verkäufer von Standardpaketen
- Helfer bei Innovationsprozessen
- Verkauf maßgeschneiderter Lösungen
- Übernahme von ganzen Wertschöpfungsketten (oder Teilen davon)

Modell 1: Der Grundversorger

Als Grundversorger liefern Sie das Produkt – und zwar entweder ab Werk oder frei Haus. Sonst nichts. Ein wesentlicher Grund, warum sich Kunden für diese Form der Interaktion mit Ihnen entscheiden, ist: Der Preis in Kombination mit der Zuverlässigkeit des Herstellers spielt in der Beschaffung eine wesentliche Rolle.

Wir erkennen dieses Interaktionsmodell häufig bei Herstellern von sogenannten Commodities, also vergleichbaren Roh- und Hilfsstoffen. Gute Beispiele hierfür sind Chemikalien, Strom, Gas, Mehl oder auch Papier in ihren jeweiligen Standardausprägungen. Wir sprechen hier also noch nicht über Spezialitäten-Chemie oder veredelte Papiere oder auch Fahrplanmodelle bei der Stromlieferung.

Was muss ein Unternehmen leisten, um in diesem Modell erfolgreich zu sein? Der wesentliche Faktor für den Erfolg im Markt ist neben marktgerechten Preisen die Zuverlässigkeit des Anbieters. Produktqualität und ständige Lieferfähigkeit stehen ganz oben – wer das nicht einhalten kann, ist raus aus dem Geschäft. Und zwar ganz schnell, denn hier kann in der Regel kaum nachgebessert werden.

Um in diesem Modell erfolgreich zu werden, braucht Ihr Unternehmen eine genaue Kenntnis von Angebot und Nachfrage in dem betreffenden Markt oder Marktsegment. Nur so kann verhindert werden, dass entweder überproduziert bzw. zu viel eingekauft wird oder plötzlich zu geringe Mengen des Produktes vorhanden sind, weil nicht ausreichend produziert oder beschafft wurde.

Gerade die vom Kunden geforderte Zuverlässigkeit verbietet, zu wenig von einem Produkt vorrätig zu haben. Stellen Sie sich einmal vor, Sie müssten einen Kunden anrufen, dass Ihr Produkt gerade ausverkauft ist. Sie ahnen sicher schon die Reaktion Ihres Kunden. Vergessen wir nicht – wir bewegen uns in diesem Modell im Bereich identischer Produkte – stark vergleichbar und mit äußerst transparenten Preisgefügen am Markt. Können Sie nicht liefern, kann es sicher einer Ihrer Wettbewerber.

Je vergleichbarer ein Produkt zu dem des Wettbewerbs ist, desto geringer sind in der Regel auch die erzielbaren Margen. Um die direkten Vertriebskosten zu sparen, muss sich das Unternehmen für absolut schlanke Absatzkanäle entscheiden. Kanäle, in denen Vertriebskosten eingespart werden können und wo die Zusammenarbeit mit Kunden weitgehend standardisiert ist. Ein Verkaufsaußendienst wird von diesen Herstellern in der Regel nur für die Akquisition und Betreuung großer Kunden benötigt, denn die absoluten Deckungsbeiträge pro Kunde lassen eine persönliche Betreuung in der Regel nicht zu.

Sind Kunden in diesem Modell besonders preissensibel? Selbstverständlich! Im Grunde möchten diese Kunden immer den aktuellen Marktpreis bezahlen, wie beispielsweise den jeweiligen Tagespreis an der Börse, an der das Produkt gehandelt wird. Allerdings können Sie als Verkäufer in diesem Modell auch immer einen (wenn auch geringen) Aufschlag verlangen, um Ihre Transaktionskosten zu decken und auch noch einen (minimalen) Gewinn einzustreichen.

Hersteller, die ihre eigenen Kosten nicht sauber im Griff haben und ihre (auch kundenbezogenen) Prozesskosten nicht exakt kennen, geraten in diesem Modell rasch aufs Glatteis.

Modell 2: Der Paketanbieter

Pakete sind beispielsweise mit zusätzlichen Dienstleistungen angereicherte, sonst stark vergleichbare Produkte, die zu Standardpaketen gebündelt wurden. Als Anbieter von Standardpaketen sind Sie plötzlich in der Lage, sich von Ihren Wettbewerbern zu unterscheiden, da ja nicht alle Pakete im Markt identisch sind. Hier sind Sie in der ersten Stufe, in der Sie eine gewisse Differenzierung zu Ihren Wettbewerbern schaffen können, indem Sie Produktpakete anbieten, die attraktiver für Ihre Kunden sind als die der Wettbewerber.

In diesem Interaktionsmodell ist der Verkauf von Mensch zu Mensch wieder verstärkt gefragt. Und auch die exakte Kenntnis der (auch potenziellen) Kunden und von deren täglichen Herausforderungen im Markt ist für den Erfolg notwendig. Fragen wie „Welcher Kunden(-gruppe) könnte welche Produktkombination helfen?" und „Wie können wir die Produktpakete so schnüren, dass wir einerseits die Kundenbindung erhöhen und andererseits auskömmliche Margen generieren?" sind hier die Leitfragen.

Für welche Kundengruppen ist ein solches Interaktionsmodell interessant? In der Regel wird dieses Modell Kunden angeboten, die einerseits ein breites Angebot an unterschiedlichen Leistungen haben möchten, andererseits aber nicht bereit sind, die spezifische Anpassung auf die eigenen Bedürfnisse zu bezahlen. Für Ihr Unternehmen entsteht so die Aufgabe, professionelle Marktforschung in die Entwicklung zielgruppenspezifischer Angebote mit einzubinden.

So entwickeln Unternehmen eine Art „Modul-Baukasten" mit standardisierbaren Lösungen und Produkten, aus dem die Kunden sich ihr passendes Produkt konfigurieren können.

Der Vorteil für Ihre Kunden ist, dass sie mit einem Mal über viele verschiedene Kombinationen rund um das eigentliche Kern-Produkt verfügen. Für das Unternehmen entsteht der Vorteil, dass trotz standardisierter Module die individuellen Kundenwünsche nicht aus dem Blick gelassen werden.

Welche Maßnahmen müssen ergriffen werden, um dieses Modell erfolgreich umzusetzen? Zunächst einmal benötigen Sie eine genaue Kenntnis der kaufentscheidenden Faktoren Ihrer Zielgruppe. Die sogenannten „Key Buying Factors", wie sie in der Marktforschung genannt werden. Weiterhin ist es sinnvoll, die Gesamtzielgruppe zu segmentieren, um auch zielgruppenspezifische Angebote konfigurieren zu können, die dann als Paket verkauft werden.

Wenn Ihr Unternehmen nun über ein stringentes Management des Produkt-Mixes verfügt, sind Sie schon einen großen Schritt weiter. So können die einzelnen Bausteine des Angebots zielgenau definiert werden und gleichzeitig können Sie Kunden bei der Konfiguration ihres persönlichen Angebots unterstützen.

Auch wenn in diesem Modell bereits der personelle Vertrieb (also mit Ihnen als Verkäufer) existiert, braucht Ihr Unternehmen nach wie vor schlanke Absatzkanäle, um die Vertriebskosten so niedrig wie möglich zu halten. Noch besser ist, wenn es verschiedene, zielgruppengerechte Absatzkanäle gibt, die jeweils professionell mit den passenden Produktkombination bedient werden.

Als Verkäufer von standardisierten Produktpaketen sind Sie hier bereits in der Situation, dass die Preisgestaltung nicht mehr nur auf der Basis eines sehr transparenten Marktpreises erfolgt. Vielmehr ist das Marketing gefordert, den jeweiligen Wertbeitrag eines Produktpaketes für die Zielgruppe zu ermitteln und so die Deckungsbeiträge entsprechend zu steigern. Der Fachbegriff hierfür heißt „Value Pricing" – also wertbeitragsorientierte Preisgestaltung.

Am besten ist Ihr Unternehmen aufgestellt, wenn es in der Produktion bereits Ansätze für „On-Demand-Produktion" gibt. Die dafür notwendigen schlanken Prozesse ermöglichen einerseits, dass auch frei konfigurierbare Produkte „gefühlt maßgeschneidert" schnell zu einem wettbewerbsfähigen Preis produziert werden können. Andererseits entfällt mit schlanken Produktionsprozessen das Risiko eines vollen Verkaufslagers, das grundsätzlich immer Liquidität im Unternehmen bindet.

> **Merke**
> Kunden, die ihr Produkt selbst konfigurieren können, haben in der Regel eine gewisse Wartebereitschaft. Wie lange es maximal dauern darf, bis ein fertig konfiguriertes Produkt beim Kunden ist, ist von Branche zu Branche unterschiedlich. Auch hier schließt sich wieder der Kreis: Primär-Marktforschung ist in diesem Interaktionsmodell unverzichtbar.

Modell 3: Der Innovationshelfer

Unternehmen, die den größten Teil ihres Geschäftes mit neuen bzw. sehr innovativen Produkten machen, arbeiten in der Regel mit dem Interaktionsmodell des „Innovationshelfers". Kunden, mit denen in diesem Modell gearbeitet wird, sind meist an höherer Qualität interessiert, als sie sie bei Standardpaketen erwarten können. Denn auch das Marktverhalten dieser Kunden ist in der Regel auf Innovation und Neuerungen ausgerichtet.

Ihr Unternehmen ist gefordert, die Branche ständig und sehr genau zu beobachten, um neue Trends so früh wie möglich zu identifizieren. Und als Verkäufer leisten Sie einen wesentlichen Beitrag zu dieser Form der Informationsgewinnung. Wichtig ist, dass Sie jeden auch nur noch so schwer auszumachenden Trend nach „innen" melden, wo sofort überprüft werden kann, ob es sich lohnt, diesen Trend zu unterstützen.

Sie haben bereits im „Innovations-Kapitel" festgestellt, dass die professionell gestaltete Innovation eines der wesentlichen Überlebensmerkmale für Investitionsgüterhersteller ist, wenn sie sich gegen Anbieter von Billigprodukten und Kopien zur Wehr setzen möchten.

Die gute Nachricht ist: Für dieses Modell ist nicht nur ein sehr kompetenter, sondern auch ein äußerst aktiver Verkaufsaußendienst unerlässlich. Nur mit der persönlichen Kenntnis von Kunden und deren Wünschen können immer wieder neue Produkte in den Markt eingeführt werden. Der persönliche Kontakt zwischen Ihnen und Ihren Kunden spielt hier eine entscheidende Rolle. Ebenso ist wichtig, dass Sie eng mit der eigenen Entwicklungsabteilung „verdrahtet" sind, um immer wieder neue und bessere Lösungen am Markt anbieten zu können.

Wie werden solche Produkte kalkuliert? Nun, wir haben gesehen – je schlanker die Absatzkanäle sind, desto transparenter ist auch der Preis. Aber – je mehr Wertbeitrag Sie Ihren Kunden über Ihre Produkte vermitteln können, desto besser können Sie auch das „Value Pricing" umsetzen.

Stellen Sie sich vor, Sie haben ein Produkt, das a) derzeit niemand anders herstellt und das b) bereits eine gewisse Nachfrage am Markt hat, weil der Nutzen enorm hoch ist (zum Beispiel Kosteneinsparungspotenziale). Wenn Sie hier mit einer „normalen" Aufschlagskalkulation rechnen würden, kann es gut sein, dass Ihr Unternehmen Geld verschenkt – indem es nicht den Preis fordert, den die Kunden sogar bereit wären zu bezahlen.

Der Weg vom Produktverkauf zum Projektgeschäft ist hier gar nicht mehr so weit – und die Kundenbindung wird nicht mehr nur durch Ihre guten Preise und die Zuverlässigkeit Ihres Unternehmens und Ihrer Produkte bestimmt, sondern vielmehr durch die erfolgreiche Zusammenarbeit im Bereich der Forschung und Entwicklung (F&E / R&D).

Häufig kommt es auch vor, dass die Entwicklungsabteilung Ihres Kunden und die Ihres eigenen Unternehmens eng miteinander zusammenarbeiten, um neue, innovative Lösungen zu erarbeiten. Das macht aus Gründen der Kundenbindung sogar verstärkt Sinn, da auch die F&E-Kosten aufgeteilt werden können und nicht nur an Ihrem Unternehmen „hängenbleiben".

Hat Ihr Unternehmen ein strukturiertes und vor allem konsequent umgesetztes Patentmanagement, um den „Schutz geistigen Eigentums" auch über die Markteinführung sicherzustellen? Wenn Sie in diesem Interaktionsmodell arbeiten, ganz sicher. Denn Innovation bedeutet in der Regel auch Wettbewerbsvorsprung – und den gibt niemand gern aus der Hand.

Modell 4: Der Maßschneider

Fragen Ihre Kunden Sie nach maßgeschneiderten Lösungen und Produkten? Sind Ihre Kunden unter Umständen sogar bereit, mit Ihrem Unternehmen eine feste Partnerschaft einzugehen, um gemeinsam eine Lösung zu entwickeln? Wenn Sie diese Wünsche erfüllen können und dies auch bei mehreren Kunden tun, bewegen Sie sich bereits im Verkauf kundenspezifischer, also maßgeschneiderter Lösungen.

Im Software-Geschäft ist dies häufig zu beobachten: Ein Kunde möchte zwar eine bestimmte Software-Plattform nutzen, benötigt aber zusätzliche Anforderungen, die auf die Situation seines Unternehmens maßgeschneidert sind – und die es nirgendwo anders ein zweites Mal gibt.

Auch im Anlagenbau und bei Systemlieferanten (zum Beispiel für die Automobilindustrie) bewegen Sie sich häufig in diesem Interaktionsmodell, weil die zu bauende Anlage exakt den Bedürfnissen des Kunden entsprechen muss. Denn schließlich möchte Ihr Kunde mit dieser Anlage auch einen Wettbewerbsvorteil verteidigen bzw. ausbauen. In der Regel stellt Ihr Unternehmen erhebliche Ressourcen für die Forschung und Entwicklung bereit, um exakt diese Kundenwünsche auch erfüllen zu können.

Der Verkaufsprozess in diesem Interaktionsmodell ist dem Wesen nach höchst komplex – und nicht selten dauert es Monate, oft sogar Jahre, bis aus einem ersten Kontakt ein konkretes Projekt generiert wird.

Was benötigen Sie, um hier erfolgreich zu sein? Noch mehr als bisher müssen Sie das Geschäft Ihres Kunden genau und vollständig kennen und durchdringen. Sie müssen wissen, welche Faktoren die Werttreiber auf der Seite Ihres Kunden sind – und bestenfalls kennen Sie auch die genaue Wertschöpfungskette Ihrer Kunden. Natürlich ist ein besonderes Vertrauensverhältnis zwischen Ihnen und Ihren Ansprechpartnern auf Kundenseite unerlässlich. Mehrere Abteilungen oder Bereiche Ihres Unternehmens sind eng mit ihren jeweiligen Pendants beim Kunden verzahnt.

Braucht Ihr Unternehmen fertige Produkte, um in diesem Markt erfolgreich zu sein? In der Regel nicht. Was Sie aber benötigen, ist ein professionell organisierter und vor allem transparenter Prozess für die Produktentwicklung. Und auch Sie selbst müssen jederzeit in der Lage sein, als Übersetzer zwischen den einzelnen Bereichen zu fungieren.

In der Preiskalkulation gilt auch hier: Der Wertbeitrag, den Sie Ihrem Kunden mitbringen, sollte auch entsprechend honoriert werden. Das bedeutet (wie überhaupt in allen anderen Fällen auch) natürlich nicht, dass Sie, weil Ihr Unternehmen etwas besonders gut kann oder allein am Markt ist, Ihre Kunden mit der Preisgestaltung erpressen können. Denn schließlich gilt es ja immer auch abzuwägen, ab wann der Kunde beginnt, aktiv nach preiswerteren Lösungen zu suchen und unter Umständen sogar auf die von Ihnen angebotene Qualität zu verzichten.

Fakt ist aber: Sie können im Projektgeschäft höhere Margen einpreisen als im Standardprodukt-Geschäft. Allerdings nicht, ohne ein gutes Risikomanagement in Ihrem Unternehmen zu haben. Denn einerseits hält Ihr Unternehmen enorme (Personal-)kosten in Forschung und Entwicklung vor und andererseits muss das Unternehmen äußerst flexibel in der Produktion sein, da naturgemäß nicht klar ist, was in einigen Monaten produziert werden wird.

Modell 5: Der Integrator

Als Integrator übernimmt und betreibt Ihr Unternehmen ganze Wertschöpfungsketten Ihrer Kunden – oder zumindest Teile davon. Wenn es Strategie Ihres Unternehmens ist, anderen Unternehmen durch die Übernahme bestimmter Teile von deren Wertschöpfungskette einen Wertbeitrag zu liefern, haben Sie als Verkäufer ein hochkomplexes Geschäftsfeld, das auch in den meisten Fällen auf Geschäftsführungsebene ausgetragen wird.

Kunden, die für ein solches Modell in Frage kommen, erwarten in der Regel eine substanzielle Verringerung sowohl von Transaktionskosten als auch des eigenen Risikos.

Das Produkt, die Maschine, um die es früher einmal primär ging, tritt nun immer häufiger in den Hintergrund. In diesem Interaktionsmodell stellen Sie Ihrem Kunden kein Produkt mehr zur Verfügung, sondern ein vom Kunden erwartetes Ergebnis in einer zugesicherten Qualität und einer ebenfalls zugesicherten Zuverlässigkeit. Häufig stellen Sie sogar eigenes Personal zur Verfügung, um diese Leistung zu erbringen. Wer trägt in einem solchen Fall das Risiko? In der Regel ist das Ihr Unternehmen als Zulieferer – hier wird das Risiko sowohl in operativer Hinsicht (Funktion, Menge, Personal) als auch in qualitativer Hinsicht vom Anbieter übernommen.

Allerdings hat dieses Modell auch Vorteile für Sie: Die Wechselbereitschaft Ihrer Kunden während der Vertragslaufzeit ist bedeutend niedriger und Sie haben eine weit höhere Planungssicherheit. So gehen beispielsweise Reinigungsunternehmen dazu über, die Spülküchen von großen Hotelketten zu betreiben – als Servicedienstleister im Unternehmen. Oder Catering-Unternehmen übernehmen den Betrieb von Kantinen in großen Unternehmen – eben weil sie auf diesem Gebiet Spezialist sind. In der Energiewirtschaft weit verbreitet ist beispielsweise die Betriebsführung energietechnischer Anlagen, wie Kraftwerke oder Druckluftanlagen, oder auch die Übernahme der kompletten Heizung bei großen Wohnanlagen inklusive der verbrauchergenauen Abrechnung als zusätzliche und bezahlte (!) Dienstleistung.

Was brauchen Sie als Verkäufer innerhalb eines solchen Interaktionsmodells? Es ergibt sich von selbst, dass Sie eine genaue Kenntnis der Wertschöpfungskette Ihrer Kunden erhalten müssen. Ebenfalls ist wichtig, dass Sie die damit verbundene Kostenstruktur bei Ihren potenziellen Kunden kennen. Hier empfiehlt es sich, auf Erfahrungen bei vergleichbaren Kunden zurückzugreifen, um erste Anhaltspunkte zu haben. Das ist deswegen so wichtig, weil Ihr Angebot in diesem Modell nicht mehr nur einen Preis beinhalten wird, sondern vor allem eine Kalkulation für Ihren Kunden, was er bei einer Zusammenarbeit mit Ihnen einsparen kann.

Wie gesagt – Ihr Produkt besteht hier nicht mehr aus Hard- oder Software, sondern aus „Servicelevels", aus der exakten und konsequenten Ausgestaltung von Verantwortlichkeiten und dem professionellen Management aller damit verbundenen Schnittstellen. Zusätzlich benötigt Ihr Unternehmen eigenes Personal, das es in einem anderen Interaktionsmodell nicht benötigt hätte: die Menschen, die den operativen Betrieb der Maschinen oder Anlagen übernehmen und für die Leistung geradestehen müssen.

In der Akquisition hilft Ihnen in der Regel nur eines: Referenzprojekte mit nachgewiesenem Wertbeitrag für andere Unternehmen. Sie haben keine? Macht nichts. Jedes Unternehmen, das sich heute in diesem Markt aufhält, hat irgendwann einmal mit dem ersten Projekt begonnen. Häufig war dies eine logische Weiterentwicklung aus einer bereits bestehenden Zusammenarbeit auf anderer Ebene, beispielsweise im Erstellen kundenspezifischer Produkte.

Sie merken schon, welche wesentlichen Punkte in diesem Modell kriegsentscheidend sind: Ihr Unternehmen muss hervorragend aufgestellt sein im Management integrierter Prozessabläufe – und zusätzlich muss ein zu jeder Zeit transparentes Qualitätsmanagement installiert sein.

Das Prinzip der Kunden-Interaktionsmodelle hat im Grunde jedes Unternehmen, das auch Kunden hat. Allerdings wird es noch nicht in jedem Unternehmen so strukturiert gesehen – obwohl die Potenziale zur Kosteneinsparung durch Effizienzsteigerung enorm sind. Das bedeutet allerdings auch, dass ein Unternehmen sich auch einmal von einem Kunden verabschieden muss, wenn er Leistungen erhält, die ursprünglich für die dreifache Menge an Kunden kalkuliert waren.

Anforderung \ Modell	Grund-versorger	Paket-lieferant	Innova-tionshelfer	Maß-schneider	Integrator
Personeller Verkauf	1	3	4	4	6
Schlanke Vertriebskanäle	6	4	2	2	1
Marktforschung	4	6	4	2	1
Markenführung	4	6	3	4	1
Schlanke Prozesse	6	4	2	2	2
Risikomanagement	3	3	4	6	6
Patentmanagement	2	4	6	6	4
F&E-Ressourcen	2	2	6	6	4
Technischer Außendienst	1	3	6	6	6
Key Account Management	4	4	4	4	4

Abbildung 6: Welche Anforderungen stellt welches Interaktionsmodell
(1 = geringe Anforderung, 6 = hohe Anforderung)

Abbildung 6 verdeutlicht, welche Anforderungen die unterschiedlichen Modelle in welchem Maße stellen.

> **Das Wichtigste aus diesem Kapitel in Kürze**
> - Für die Zusammenarbeit zwischen Hersteller und Endkunden gibt es unterschiedliche Interaktionsmodelle.
> - Je komplexer die angebotene Leistung, desto mehr werden Verkäufer benötigt.
> - Die Ausbildung von Verkäufern ist ein strategischer Vorteil im Wettbewerb.

4 Ihr Werkzeugkoffer für den persönlichen Verkauf

> **In diesem Kapitel erfahren Sie ...**
> - ... was Sie als Verkäufer im Außendienst mindestens benötigen, um erfolgreich und strukturiert zu arbeiten.
> - ... wie Sie eine Total Cost of Ownership-Berechnung durchführen.
> - ... wie Sie einen Elevator-Pitch entwickeln.
> - ... welche Phasen Ihr Verkaufsgespräch enthalten sollte.
> - ... warum der Preis nicht alles ist.

Sicher hat jeder Verkäufer seine eigene Vorstellung davon, was er benötigt, um erfolgreich zu sein. Und außerdem gibt es immer noch Menschen, die sagen „Product is hero" – mit unserem Produkt kann der Vertrieb keinen Fehler machen. Wenn es so wäre, dass „Product" wirklich „hero" ist, bräuchten diese Unternehmen keinen Vertrieb mehr, sondern nur noch Bestellannahmestellen und eine gute Anwendungsberatung.

Stellen Sie sich einmal vor, Sie wären nicht Verkäufer, sondern Produktmanager und müssten den Außendienst Ihres Unternehmens für ein neues Produkt so fit machen, dass er es ab dem nächsten Tag verkaufen kann. Was müssten Sie dafür tun? Um die Frage ausführlich und vor allem ausreichend beantworten zu können, behaupte ich: Erobern Sie Ihren Markt Nummer 1: die Verkäufer!

> **Merke**
> Die Verkäufer sind in einem Unternehmen der „Markt Nummer 1". Nur wenn dieser Markt das Angebot des Unternehmens „gekauft" hat, kann er es auch nach außen gut verkaufen.

Es ist wie eine zweistufige Vertriebsform, in der Sie und Ihre Kollegen nicht direkt an den Endkunden verkaufen, sondern an die spezialisierten Fachhändler, die Ihr Produkt wiederum an ihre eigenen Kunden verkaufen sollen. Wenn die erste Stufe nicht kauft, wird sie auch nicht weiterverkaufen.

Haben Sie schon einmal erlebt, dass ein Fachhändler ein Produkt von sich aus angeboten hat, das er innerlich nicht gekauft hat? Von dem er also nicht zu 100 Prozent überzeugt ist? Glauben Sie mir: Wenn der Handelskunde ein bestimmtes Produkt von einem bestimmten Hersteller nachfragt, wird der Händler in vielen Fällen das Geschäft mitnehmen und nicht versuchen, stattdessen Ihr Produkt anzubieten.

Genauso ist es mit Ihrem Unternehmen und den Verkäufern als „Sprachrohr" zum Kunden. Jetzt mögen Sie mir antworten: „Das Unternehmen bezahlt mein Gehalt, und ich möchte auch meinen Bonus am Jahresende erreichen, also hänge ich mich rein." Recht haben Sie. Und doch bin ich überzeugt, dass Sie ein Produkt, das Sie innerlich gekauft haben, lieber und vor allem überzeugender anbieten als eines, das Sie „nur" verkaufen sollen.

Da sich dieses Buch mit dem „operativen Vertrieb" beschäftigt, gehe ich davon aus, dass innerhalb Ihres Unternehmens alle Hausaufgaben, die zur Einführung eines neuen oder verbesserten Produktes auf Entwicklungs- und Marketingseite gehören, bereits erledigt sind. Das beinhaltet auch, dass grundlegende Dinge wie Marktanalyse, Zielpositionierung, Stärken-Schwächen-Profile oder Wettbewerbsanalyse bereits gegeben sind.

Und doch – meist sind es die (aus Verkäufersicht) arbeitsnotwendigen Grundlagen, die vernachlässigt werden. Und die es so dem Verkäufer erschweren, seine Produkte strukturiert in den Markt zu bringen. Sie können sich natürlich auch selbst einen Forderungskatalog entwickeln, den Sie bei jeder Produktänderung oder -einführung benutzen, um sicher zu sein, dass Sie immer das Wichtigste bekommen haben, um gut verkaufen zu können. Als Hilfestellung für Ihre Marketingabteilung sollen einige Leitüberschriften dienen:

- Das Produkt und sein Markt
- Das Produkt und seine Positionierung
- Das Produkt und sein Wettbewerb
- Das Produkt und sein Preis
- Das Produkt und sein Wertbeitrag
- Das Produkt und sein Elevator-Pitch
- Das Produkt und sein Verkaufsgespräch

Das Produkt und sein Markt

Verkäufer müssen vom Wesen her zielstrebig, eloquent, erfolgsorientiert und kreativ sein. In der Praxis führt dies häufig dazu, dass (mit Rücksicht auf die geforderte Kreativität) die Struktur in der täglichen Marktbearbeitung vernachlässigt wird. Sie als Verkäufer Ihrer Produkte sollten einfordern, für welche Zielgruppen bzw. Teil-Zielgruppen ein neues Produkt bestimmt ist.

Die Fragen, auf die Sie eine Antwort benötigen, heißen zum Beispiel:
- Für welche Kundengruppen ist das Produkt gemacht?
- Welche typischen Problemstellungen haben diese Kundengruppen und wie löst das neue Produkt diese Probleme?
- Wie viele Kunden in Ihrer Vertriebsregion kommen dafür in Frage?
- Können diese Kunden bereits nach Potenzial klassifiziert sein?

Diese und ähnliche Fragen sollten Sie immer stellen, wenn Sie nicht bereits Antworten darauf bekommen haben.

Das Produkt und seine Positionierung

Neulich führte ich auf einer Fachmesse ein Gespräch mit dem Geschäftsführer eines mittelständischen Maschinenbau-Unternehmens. Auf meine Frage, wie er seine Produkte am Markt positioniert sehe, also welche Besonderheiten es gebe und wie die Abgrenzung zum Wettbewerb sei, erhielt ich die Antwort. „Wieso Positionierung? Unsere Geräte können so ziemlich dasselbe wie die Geräte unserer Wettbewerber. Wir bauen sie allerdings ein bisschen besser, damit sie länger halten. Dafür sind sie aber auch etwas teurer als die Geräte der Wettbewerber."

Zum besseren Verständnis muss ich noch eine Information nachliefern: In dieser Messehalle waren acht (!) weitere Hersteller vertreten, die im Wesentlichen ein ähnliches Gerät anboten. Und genau gegenüber dem Messestand meines Gesprächspartners war die Menschentraube, die sich für die Geräte eines Wettbewerbers interessierte. Nicht, weil diese Geräte besser waren als die meines Gesprächspartners. Im Gegenteil – sie waren auch nach objektiven Gesichtspunkten sogar von einer schlechteren Bauqualität. Aber: Die *Positionierung* des Geräts war eindeutig erkennbar – und somit auch für die vorbeistrebende Menschenmenge auf der Messe rasch und einfach erfassbar. Sie hieß: „Unser Gerät schafft Ihnen mehr Freizeit für die Familie, weil es Ihnen Arbeit abnimmt." Jetzt mögen Sie sagen „Aber das tut mein Gerät doch auch, das kann doch das Gleiche und sogar noch besser!". Damit könnten Sie sogar Recht haben... aber wenn's niemand erfährt?

Gerade im Produktbereich ist für potenzielle Kunden wichtig, die Positionierung eines Produktes sofort erfassen zu können. Mögliche Positionierungen können sein:
- Das Produkt, das Ihnen 10 Prozent der Betriebskosten senkt.
- Das Produkt, das Ihnen mehr Zeit für Ihre Familie bringt.
- Das Produkt, das Ihnen 15 Prozent weniger Kraftstoffkosten bringt.

- Das Produkt, das Ihnen 20 Prozent der vorher verbrauchten Energie einspart.
- Das Produkt, das Ihnen 30 Prozent der Einweisungskosten einspart.

Sie sehen – die Positionierung eines Produktes ist die sogenannte „Produktidee". Der Wert eines Produkts ist nicht das, was es technisch alles zu leisten imstande ist. Vielmehr liegt der Wert eines Produkts darin, welchen wirklichen Nutzen es mitbringt.

Stellen Sie sich vor, Sie verkaufen Bohr- und Fräsaufsätze für den Maschinenbau. Ein hart umkämpfter Markt, weil es sich hier ja auch um Produkte handelt, die immer wieder neu beschafft werden müssen. Was könnten hier die Werttreiber sein, wie Sie diese Bohrer positionieren könnten? Machen wir einmal gemeinsam eine Liste:

„Das sind die Bohrer, die ...

- Ihnen 30 Prozent der Umrüstzeit sparen, weil sie länger durchhalten."
- Ihnen die Reklamationsquote senken können, weil die Bohrtoleranzen deutlich niedriger sind."
- Ihnen 5 Prozent der Energiespitzen senken können, weil Sie für dieselbe Bohrung weniger Drehmoment benötigen."

Ich bin sicher, Sie können die Liste fast endlos weiterführen, ohne dass es langweilig wird.

Wichtig ist also nicht nur, dass Sie ein gutes Produkt bekommen. Wichtig ist, dass Sie als Verkäufer eine genaue Orientierung erhalten, welche Kernaussage mit diesem Produkt verknüpft werden soll. Schließlich sind Sie als Verkäufer ja in einer besonderen Situation: Ihr Ansprechpartner beim Kunden ist nicht immer der alleinige Entscheider. Das bedeutet: Er ist gezwungen, Ihre Botschaft intern weiterzuvermitteln – und gleichzeitig auch den Nutzen, den Ihr Produkt mitbringt.

Je einfacher Sie ihm diese Aufgabe machen, desto lieber wird er Ihre Botschaft weitertragen. Wenn Sie es schaffen, dass Ihr Ansprechpartner die Positionierung Ihres Produktes nicht nur versteht, sondern auch „knackig" weitergeben kann, haben Sie schon fast gewonnen.

Das Produkt und sein Wettbewerb

Als Verkäufer sage ich immer „Was interessiert mich mein Wettbewerb? Ich überzeuge meinen Kunden davon, was er davon hat, wenn er bei mir kauft. Da rede ich doch nicht über die Konkurrenz." Und doch – es ist wichtig für

Sie, dass Sie die Hauptwettbewerber in Ihrem Markt kennen und vor allem auch wissen, wie sich diese am Markt verhalten.

Bei einer Produkteinführung sollten Sie also nicht nur Informationen darüber erhalten, welche Wettbewerber es für exakt dieses Produkt oder diese Innovation gibt. Sie sollten Ihre Marketingabteilung auch fragen:

- Wie sieht die Positionierung dieser Wettbewerber aus?
- Wie stehen wir preislich im Vergleich zu den Wettbewerbern da?
- Welche Stärken der Wettbewerber können wir mit diesem Produkt in Schwächen umwandeln?
- Welche Stärken hat unser Produkt gegenüber den direkten Konkurrenzprodukten?
- Wie kann man diese Informationen „griffig", zum Beispiel durch Wirtschaftlichkeitsbetrachtungen, im Gespräch vermitteln?

Gerade dieses Thema ist mir besonders wichtig. Denn es ist eine Frage der inneren Einstellung, mit der Sie beim Kunden kommunizieren. Wenn Sie immer Ihren Wettbewerb im Hinterkopf haben, bekommen Sie in der Regel nicht den Kopf frei, um Ihren Kunden wirklich von Ihnen und Ihren Produkten zu überzeugen.

Dies gilt vor allem dann, wenn Ihr Wettbewerber auch noch Marktführer in diesem Segment ist. Gerade dann unterliegen wir immer der Versuchung, nicht den Nutzen der eigenen Produkte zu vermitteln, sondern nur eine „Abgrenzungsdiskussion" gegenüber dem Wettbewerber zu führen. Was glauben Sie, was im Kopf des Gesprächspartners in diesem Fall vorgeht? Er wird sich denken „Hm, wenn der Verkäufer schon ständig über die Schwächen des Marktführers spricht, dann hat er sicher gehörigen Respekt vor dem. Andererseits ist er ja nicht ohne Grund Marktführer geworden. Wo liegt der Hase im Pfeffer?"

Sie werden es im Gespräch wesentlich einfacher haben, wenn Sie eben nicht über den Wettbewerber und dessen Produkte sprechen. Besser ist, wenn Sie von vornherein eine klare Positionierung haben und diese auch so vermitteln können, dass dies für den Kunden mehr Wert hat als die Positionierung Ihrer Wettbewerbsprodukte.

Das Produkt und sein Preis

Diese Leitfrage nehme ich als eigenständigen Punkt mit auf, obwohl der Preis ja auch Teil der Positionierung ist. Im Verkauf ist der Preis, wenn Sie nicht gerade Commodities an der Börse handeln, nicht alles. Er ist wichtig, das stimmt. Aber diejenigen, die im personellen Verkauf behaupten, ihre Kunden interessiere nur der Preis, haben in der Regel deren wirkliche Bedürfnisse noch nicht hinreichend ergründet.

Im „richtigen Leben" an der Front sind wir allerdings immer wieder gefordert, den Preis zu verteidigen – und nicht nur die Positionierung. Lassen Sie sich als Verkäufer nicht nur einen Preis „vorgeben" und dazu einen Korridor, innerhalb dessen Sie etwas Luft zum Verhandeln haben. Als Verkäufer können Sie erwarten, dass Sie zusammen mit dem Preis Ihres Produktes auch eine Argumentationshilfe bekommen, warum beispielsweise ein höherer Preis gerechtfertigt sein soll, als ihn der direkte Wettbewerber verlangt.

Sie wissen ja – für Sie als Verkäufer ist es das tägliche Brot, immer wieder mit Ihren Kunden auch über den Preis zu sprechen. Und oft genug passiert es, dass dabei auch Federn gelassen werden. Warum? Weil es für einen höheren Preis keine gute Argumentationsgrundlage gab.

Also: Wenn Sie eine Preisliste bekommen – und dazu noch die Vergleichspreislisten Ihrer drei schärfsten Wettbewerber, dann ist es zunächst einmal nicht tragisch, wenn die Preise Ihrer Produkte über denen der Konkurrenz liegen. Solange Sie gleichzeitig gute Argumentationshilfen bekommen.

Interessiert es Sie, was in den Köpfen der Einkäufer, mit denen Sie es im Verkauf zu tun haben, vorgehen könnte, wenn Sie Ihren Preis nennen? Häufig stoßen Sie damit eine ganze Kette von Berechnungen hinter der Stirn des Gesprächspartners an. Für Sie als Verkäufer ist es wichtig, nachvollziehen zu können, welche Art von Berechnungen Ihr Gegenüber anstellen kann.

Ein wichtiges und immer wieder gern eingesetztes Instrument ist die Wirtschaftlichkeitsberechnung, also die Anschaffungskosten plus die Betriebskosten über einen bestimmten Zeitraum hinweg und die Instandhaltungskosten über denselben Zeitraum. So etwas nennen wir auch „Total Cost of Ownership (TCO)".

Gerade bei stark vergleichbaren Produkten, denen nur schwer direkte Umsatzeinzahlungen zuzurechnen sind (zum Beispiel Gabelstapler, Backöfen etc.), ist dies ein gängiges Prinzip: Sie addieren zum Anschaffungspreis zusätzlich noch die Betriebskosten der ersten fünf Jahre und die Instandhaltungs- und Wartungskosten der ersten fünf Jahre. Aber Achtung: Wir wollen ja herausfinden, welchen Kapitalwert die auszuzahlenden Summen für Betrieb und Instandhaltung heute haben, um eine genaue Aussage zu treffen. Also müssen diese Kosten auf der Länge der Zeitschiene entsprechend „abgezinst" werden, man nennt dies auch „diskontiert". Diesen Wert vergleichen Sie mit den entsprechenden Zahlen der Wettbewerbsprodukte –

und haben so einen ziemlich genauen Anhaltspunkt, wie viel ein Produkt im Vergleich maximal kosten darf.

Beispiel

> Sie sind Verkäufer von Kühltheken für Supermärkte. Ihre Konkurrenz bietet Ihren Kunden ein leistungsfähiges Gerät an, das deutlich geringere Betriebskosten als Ihr eigenes Gerät verursacht. Dafür ist Ihr Gerät aber viel robuster und langlebiger als das Konkurrenzprodukt, sodass Sie bei den laufenden Wartungskosten einen Marktvorteil für sich verbuchen können. Insgesamt allerdings scheinen, gerade im Hinblick auf den Energieverbrauch, die Betriebskosten den Ausschlag zu geben. Die Konkurrenz bietet ihre Kühltheke zum Preis von 15.000 Euro an.
>
> Zu welchem Preis dürfen Sie Ihr eigenes Produkt maximal anbieten, wenn Ihre Kunden ihre Kaufentscheidung auf der Basis von Kapitalwerten treffen und mit einem Kalkulations-Zinssatz von 7 Prozent und einer Nutzungsdauer von 4 Jahren rechnen?

Aufstellung der zugeordneten Kosten:

		Kosten zum Zeitpunkt t (Jahre)			
		t = 1	t = 2	t = 3	t = 4
Konkurrenz-produkt	Betriebskosten	6.000	6.000	6.800	6.800
	Wartungskosten	800	950	1.100	1.400
Eigenes Produkt	Betriebskosten	7.000	7.000	8.300	8.300
	Wartungskosten	400	450	550	700

Um die Frage zu beantworten, gehen wir in drei Schritten vor. Zuerst berechnen wir den Barwert (Present Value, PV) der Auszahlungen bei Anschaffung und Einsatz des Konkurrenzproduktes. Bei einem Netto-Anschaffungspreis von 15.000 Euro und einem intern zugrunde gelegten Zinssatz von 7 Prozent ergibt sich folgende Rechnung:

PV_1 = 15.000 + 6.800 · $1{,}07^{-1}$ + 6.950 · $1{,}07^{-2}$ + 7.900 · $1{,}07^{-3}$ + 8.200 · $1{,}07^{-4}$
= 40.129,96 (Barwert des Konkurrenzproduktes)

Im zweiten Schritt betrachten wir unser eigenes Produkt. Da wir ja den Verkaufspreis erst ermitteln müssen, setzen wir für den Verkaufspreis ein „x" ein:

PV_2 = x + 7.400 · $1{,}07^{-1}$ + 7.450 · $1{,}07^{-2}$ + 8.850 · $1{,}07^{-3}$ + 9.000 · $1{,}07^{-4}$
= x + 27.513,23

Das Produkt und sein Preis

Ihr Kunde sagt nun, dass es für ihn gleichgültig sei, ob er die Kühltheke der Konkurrenz oder Ihre Kühltheke kauft, solange sich die Barwerte der einmaligen und laufenden Zahlungen entsprechen. Wir haben bereits den Barwert für die Betriebs- und Wartungskosten Ihres Gerätes ermittelt.

Wie hoch ist also der maximale Verkaufspreis Ihres Produkts? Der errechnete Barwert des Konkurrenzproduktes abzüglich des bisher ermittelten Barwertes der Nutzung Ihres Produkts ergibt den Verkaufspreis, den Sie maximal verlangen können, um Preisgleichheit zu bekommen:

$$PV_1 = PV_2$$
$$40.129{,}96 = x + 27.513{,}23$$
$$x = 12.616{,}74$$

Sie können also, um Preisgleichheit herzustellen, maximal 12.616,74 Euro für Ihre Kühltheke verlangen.

Gut, dass der Preis nicht alles ist und dass nicht alle Geräte so unbedingt miteinander vergleichbar sind. Aber wir wissen nun, wie wir einen bestimmten Preis auch argumentieren können.

Das Produkt und sein Wertbeitrag

Im Grunde dreht sich der gesamte Investitionsgüterverkauf um den Wertbeitrag, den Ihr Angebot für Ihren Kunden liefert. Ich höre häufig, wie sich Teilnehmer in meinen Seminaren beschweren, bei einem Kunden nicht zum Zuge gekommen zu sein. Weil ihr Angebotspreis höher gewesen sei als der eines Konkurrenten.

„Die Angebote waren doch gar nicht vergleichbar!", höre ich dann. Ich kann dann immer nur eine Frage zurückspielen: „Wenn die Angebote nicht vergleichbar waren – welchen höheren Nutzen hätte das Angebot denn für Ihren Kunden gehabt? Und wie viel hätte ihm das eigentlich wert sein sollen?"

Viele Verkäufer merken, dass sie sich immer noch viel zu sehr auf den Angebotspreis, auf die Beschaffungs- und Implementierungskosten und auch auf die Betriebs-, Wartungs- und Entsorgungskosten ihrer Angebote konzentrieren.

> **Merke**
> Aus Kundensicht unterscheiden sich Anbieter vor allem durch die Fähigkeit und die Bereitschaft, ihren Kunden Vorteile zu verschaffen!

Konzentrieren Sie sich auf den Nutzen, den Ihr Angebot Ihren potenziellen Kunden mitbringt. Kunden kaufen auch das auf den ersten Blick teurere Angebot, wenn es eine wahrgenommene deutliche Nutzendifferenz zu den niedrigeren Angeboten gibt. Vorausgesetzt, der Nutzen ist für den Erfolg des Kunden notwendig.

Doch wie ermitteln wir die Nutzendifferenz unseres Angebots? Das ist nicht immer ganz einfach – und vor allem ist es auch nicht immer exakt zahlenmäßig erfassbar oder berechenbar.

Häufig erlebe ich, wie nun die Ingenieure unter meinen Teilnehmern sagen: „Was der Kunde nicht genau berechnen kann, kann ich auch nicht anbieten oder präsentieren, denn ich kann es ihm ja auch nicht exakt versprechen." Müssen Sie auch nicht. Denn bei jedem Kunden gibt es immer eine so genannte „empfundene Nutzendifferenz" zwischen zwei oder mehreren Angeboten. Auf Neudeutsch würden wir dazu sagen: „gefühlter Vorteil".

Diese Empfindung ist nur teilweise zahlenmäßig belegbar, häufig spielen „weiche Faktoren" eine Rolle oder auch Nutzen*erwartungen*, die man sich von einem Angebot verspricht.

Bereits beim Thema „Das Produkt und sein Preis" finden Sie eine ausführliche Erläuterung, welche Kosten in die Bewertung eines Angebotes einfließen: Anschaffungspreis, Betriebskosten, Wartungskosten und auch die Entsorgungskosten, die allerdings häufig vernachlässigt werden, weil der Anbieter die Entsorgung direkt mit anbietet und in seinen Anschaffungspreis mit einkalkuliert.

Wulff Plinke liefert eine treffende Definition der Kosten, die bei der Bewertung von Angeboten betrachtet werden – die so genannten *„Life Cycle Costs"*, also „Lebenszeitkosten" einer angebotenen Problemlösung:

- **Kaufpreis:**
  Der Betrag, den der Käufer für den Erwerb der Gesamtproblemlösung an den Lieferanten leistet, einschließlich aller Nebenkosten, einschließlich auch aller begleitenden Dienstleistungen wie zum Beispiel Transport, Beratung etc., sofern sie entgeltlich sind.

- **Kosten der Beschaffung und Inbetriebnahme:**
  Alle Auszahlungen, aber auch alle subjektiven Mühen und Opfer, die der Käufer für die Vorbereitung der Investitionsentscheidung und ihre Durchführung sowie für die Implementierung der Problemlösung auf sich nehmen muss. Dazu gehören zum Beispiel auch Kosten für Consulting-Dienstleistungen, für Gebäude, Fundamente, elektrische Anschlüsse, Schulungen etc.

- **Kosten der dauerhaften Bereitstellung der Problemlösung:**
  Kosten des Betriebs und der Wartung des Produktes, der Anlage oder des Systems über die gesamte Lebensdauer hinweg, einschließlich aller Ersatzteile, begleitenden Dienstleistungen etc. sowie für die Entsorgung am Ende der Lebensdauer.

Aber – Preis ist nicht alles: Zusätzlich beschreibt Plinke noch einen weiteren Punkt, der immer in die Bewertung von Angeboten einfließt: den Nutzenunterschied der verschiedenen Angebote. Mit jedem Angebot verbindet der Käufer auch eine bestimmte Nutzenerwartung, und die ist in der Regel nicht bei allen Angeboten gleich.

Die Bewertung des Nutzenunterschiedes liegt immer in der Hand des potenziellen Käufers, aber als Verkäufer können Sie sich gemeinsam mit der Marketingabteilung Ihres Unternehmens überlegen, welche Nutzenunterschiede Sie kommunizieren und besonders hervorheben wollen.

Wenn Sie Abbildung 7 anschauen, ergibt sich für den Einkäufer eines Investitionsguts immer eine Entscheidungsmatrix, in der er die Vor- und Nachteile Ihres Angebots in Bezug auf Kosten und erwarteten Nutzen mit den entsprechenden Vor- und Nachteilen Ihrer Wettbewerbsangebote vergleicht.

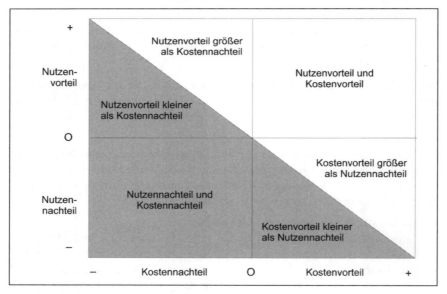

Quelle: Plinke in Kleinaltenkamp/Plinke, 2000, S. 80
Abbildung 7: Nutzen- und Kostenvor- und -nachteile

Stark vereinfacht, können wir festhalten: In den weißen Feldern müsste der Kunde eigentlich kaufen, in den grau unterlegten Feldern müsste er Ihr Angebot eigentlich ablehnen. Vorausgesetzt, Sie haben es geschafft, den Nutzen, also den zu erwartenden Wertbeitrag Ihres Angebotes klar und deutlich zu kommunizieren.

Das Produkt und sein Elevator-Pitch

Ja, der Elevator-Pitch. Berühmt und berüchtigt. Hier schließt sich der Kreis von Marktforschung, Produktentwicklung, Preisgestaltung und Wertbeitrag.

Aber fangen wir vorn an: Was ist ein Elevator-Pitch? Nun, wörtlich übersetzt ist dies eine „Aufzugs-Verkaufspräsentation". Sollen Sie jetzt Aufzüge verkaufen? Ganz und gar nicht (wenn Sie es nicht bereits tun). Grundgedanke ist folgender: Stellen Sie sich vor, Sie sind zufällig mit einem Ihrer Zielkunden allein in einem Aufzug – und Sie haben nur circa 30 Sekunden Zeit, ihn davon zu überzeugen, Ihnen einen Termin für eine erste Präsentation zu geben. Was machen Sie? Genau: Sie versuchen, die Zeit zu nutzen und so kurz und knackig wie möglich das Wesentliche rüberzubringen.

Der Elevator-Pitch ist im Grunde Ihr „30-Sekunden-Werbespot". In diesen 30 Sekunden müssen Sie es schaffen, ohne Holpern und Stolpern den Wertbeitrag Ihrer Produkte und Ihres Unternehmens so zu vermitteln, dass Sie nachhaltiges Interesse geweckt haben – und den Wunsch nach einem weiterführenden Gespräch mit Ihnen.

Haben Sie bereits einen Elevator-Pitch für Ihre Produkte oder Dienstleistungen? Wenn nicht, kann ich Ihnen nur empfehlen: Erarbeiten Sie sich schnellstens einen eigenen Elevator-Pitch. Ja, ich weiß: Eigentlich wäre dies Aufgabe der Marketingabteilung in Ihrem Unternehmen, die den Elevator-Pitch aus der Positionierung heraus ableitet. Aber was ist, wenn Sie keine Marketingabteilung haben, die sich diesen Schuh anziehen möchte?

Schauen Sie noch einmal in den Abschnitt „Das Produkt und seine Positionierung". Hier finden Sie schon einige passende Formulierungshilfen, um Ihren eigenen „Elevator-Pitch" entwickeln zu können.

Das Produkt und sein Verkaufsgespräch

Der am meisten vernachlässigte Bereich im Investitionsgütervertrieb, und hier vor allem im Produktverkauf, ist das strukturierte Verkaufsgespräch. Nach eigenen Erhebungen in der Zielgruppe meiner Seminarteilnehmer und Ansprechpartner bei Auftraggebern komme ich zu einem unerfreulichen Ergebnis:

Die Befragung von 371 Unternehmen im Investitionsgüter-Produktvertrieb in den Jahren 2006 bis 2007 ergab: Knapp 18 Prozent (n = 66) aller befragten Unternehmen stellen ihren Verkäufern im Außendienst einen strukturierten Gesprächsleitfaden für den Verkauf ihrer Produkte zur Verfügung.

Das ist soweit noch nicht tragisch – auch die anderen Unternehmen existieren ja am Markt und sind offenbar mehr oder weniger erfolgreich. Interessant ist aber ein weiteres Ergebnis, das aus dieser Untersuchung hervorging: Von den 66 Unternehmen, die ihrem Außendienst strukturierte Gesprächsleitfäden zur Verfügung stellen, gehören 51 Unternehmen jeweils zu den Top 5 ihrer Branchen. Zum Vergleich: Von den 305 Unternehmen, die keinen Leitfaden im Außendienstverkauf einsetzen, gehörten lediglich 8 Unternehmen zu den Top 5 in ihren Branchen. Das sind nicht einmal 3 Prozent. Offenbar besteht hier ein deutlicher Zusammenhang zwischen strukturierter Marktbearbeitung und Markterfolg.

Wie ist ein Gesprächsleitfaden aufgebaut? Ich selbst benutze in der Regel ein Gesprächsmuster, das aus sieben logisch aufeinander aufbauenden Phasen besteht: die optivend® Super7. Diese Strukturformel besteht aus fünf längeren und zwei ganz kurzen Phasen:

- Phase 1: Anwärmen und sich gegenseitig vorstellen
- Phase 2: Fragen stellen und Antworten holen
- Phase 3: Erster Zwischenabschluss
- Phase 4: Angebot präsentieren
- Phase 5: Zweiter Zwischenabschluss
- Phase 6: Argumentieren und Kundenreaktionen behandeln
- Phase 7: Abschluss mit konkreter Vereinbarung

Warum ist es wichtig, diese Phasen für sich zu nutzen? Nun, früher wurde häufig gesagt, das Wichtigste im Verkaufsgespräch sei die Einwandbehandlung. Nur hier könne man wirklich verkaufen. Denn das Verkaufen fange ja erst dann an, wenn der Kunde „Nein" sagt. Ja, das waren sie, die wilden 70er Jahre des letzten Jahrhunderts. Und bis weit in die 80er und 90er Jahre hielt sich der Mythos, dass mit einer guten Einwandbehandlung der Umsatz halb eingefahren sei.

Heute sind wir einige Schritte weiter. Nicht nur Psychologen, sondern auch Verkäufer haben gemerkt, dass es viel wirksamer ist, „druckfrei" den Kunden kaufen zu lassen, als mit einer „Druck-Infusion" das Gespräch zu führen und sich anschließend zu wundern, wenn der Kunde nicht überzeugt ist (aber erschöpft vom Monolog des Verkäufers).

Das erste Gespräch mit einem potenziellen Kunden ist ein wenig wie das „Verliebtsein". Verzeihen Sie mir den Vergleich – aber Sie werden feststellen, er passt: Stellen Sie sich vor, Sie sitzen in einer Bar und versuchen, die Dame oder den Herrn gegenüber für sich zu gewinnen. Wie stellen Sie das an? Gehen Sie nach der Methode „Mein Haus, mein Auto, mein Boot" vor, um so rasch wie möglich zu beeindrucken? Oder gehen Sie lieber nach der Methode vor, erst einmal herauszufinden, was Ihren Gesprächspartner wohl am meisten beeindrucken wird?

Vergessen Sie nicht: Sie wollen (wie beim „Verliebtsein") eine langfristige Beziehung mit Ihren Kunden aufbauen. Ich spreche hier nicht vom Verkauf von Branchenbuch-Einträgen (die auch wichtig sind, aber kein Investitionsgut). Im Investitionsgüterbereich brauchen wir langfristige Kundenbeziehungen allein schon deshalb, weil Investitionen nicht nur zwei oder drei Monate halten sollen, sondern oft über Jahre hinweg eine Zusammenarbeit begründen.

Das Wichtigste aus diesem Kapitel in Kürze
- Jede Produkteinführung benötigt eine strukturierte Markteinführung im Außendienst.
- Die Positionierung eines Produktes ist die Steilvorlage für den Elevator-Pitch.
- Die Wirtschaftlichkeitsbetrachtung ist die Grundlage, um eine „Total Cost of Ownership" an den Kunden zu kommunizieren.
- Im Investitionsgüterbereich brauchen Produkte und Lösungen einen kommunizierbaren Wertbeitrag für den Kunden.
- Kunden erkennen sowohl einen wirtschaftlichen Nutzen als auch einen „gefühlten Nutzen".
- Ein strukturierter Gesprächsleitfaden ist der Schlüssel zum Verkaufsgespräch.

5 Die Kaufentscheider kennen – oder Who is who im Buying Center?

> **In diesem Kapitel erfahren Sie ...**
> - ... wie und woran Sie die Personen erkennen, die an einer Kaufentscheidung beteiligt sind.
> - ... welche Rollen die unterschiedlichen Personen im Buying Center einnehmen – und welche Interessen sie haben.
> - ... warum die strukturierte Erfassung des Buying Centers helfen kann.
> - wie Sie einen systematischen Navigationskompass für jedes Buying Center erstellen können.

Während meiner Zeit als Außendienstleiter habe ich meinen Mitarbeitern häufig die Frage gestellt: „Wer ist denn eigentlich wer im Buying Center?". Glauben Sie mir – diese Frage wirkt Wunder. Denn kein Verkäufer möchte sie gerne unbeantwortet lassen.

Die sechs Rollen im Buying Center

Bei allen rationalen Argumenten, die wir als Verkäufer von Investitionsgütern ins Feld führen können, sollten wir eines nicht vergessen: Es sind immer noch Menschen, mit denen wir es zu tun haben. Und Menschen handeln nicht immer nur mit dem Kopf, sondern fast ebenso sehr mit dem Bauch. In diesem Kapitel werde ich Ihnen eine Methode vorstellen, wie Sie Ihr Buying Center nicht nur nach rationalen Argumenten und Interessen, sondern auch nach emotionalen Kauffaktoren erschließen können.

> **Merke**
> Rationale Argumente sind zwar wichtig im industriellen Kaufverhalten, aber nur die halbe Miete. Wenn Sie es nicht schaffen, auch auf der emotionalen Ebene zu punkten, werden Sie es im Wettbewerb schwer haben.

Der Begriff „Buying Center" ist schon einige Male gefallen. Man mag von der Mehrung englischer Begriffe halten, was man möchte – aber manchmal treffen sie einfach den Kern der Sache mit weniger Wörtern als die deutsche Sprache. Frei übersetzt bedeutet Buying Center: die am Kaufprozess beteiligten Personen. Und zwar alle. Deswegen sprechen wir hier auch von einer sogenannten „Multi-Personalität" – und Sie sprechen mit mehr als nur einem Ansprechpartner.

Was interessiert Sie als Verkäufer am meisten? Natürlich möchten Sie so rasch wie möglich herausbekommen, wer denn eigentlich welche Rolle im Buying Center spielt.

In der Praxis hat sich über die Jahre ein Modell durchgesetzt, das die Amerikaner Frederick E. Webster und Yoram Wind in den siebziger Jahren des letzten Jahrhunderts vorgestellt haben. Insgesamt können wir in diesem Modell sechs Rollen erkennen:

- Der Anwender (User)
- Der Einkäufer (Buyer)
- Der Entscheider (Decider)
- Der Wächter (Gatekeeper)
- Der Beeinflusser (Influencer)
- Der Initiator

Wichtig ist es hierbei, dass es sich um Rollen und nicht um Personen handelt, das heißt, eine Person kann mehrere Rollen einnehmen und mehrere Personen können die gleiche Rolle spielen. Auch die Rollen sind nicht in jedem Unternehmen gleich besetzt – Beeinflusser können zum Beispiel sowohl intern wie extern (beispielsweise Berater oder Ingenieurbüros) angesiedelt sein. Streng genommen ist sogar eine gute Referenz, die Sie anführen, schon ein Beeinflusser – wenn auch eher passiv.

Schauen wir uns einmal an, welche Bedeutung die einzelnen Rollen in Ihrem Akquisitionsprozess haben:

Der Anwender

Die Anwender müssen mit einer Lösung täglich leben und damit umgehen. Deswegen wollen die Anwender in der Regel die eigenen Arbeitsabläufe verbessern oder vereinfachen. Wer einen Anwender mit ausreichend Einfluss auf seiner Seite hat, hat einen unschätzbaren Vorteil gegenüber dem Wettbewerb.

Der Einkäufer

Für viele Verkäufer ist der Einkäufer der Angstgegner Nummer 1. Warum? Weil es hier um den Preis und die Lieferkonditionen geht. Einkäufer müssen dafür sorgen, dass Preisvorstellungen und andere Konditionen des Unternehmens eingehalten werden. Das macht sie zwar zu einer harten Mauer, die allerdings nicht unüberwindbar ist.

Der Entscheider

Entscheider sind im Unternehmen für das Geschäftsergebnis verantwortlich. Insofern achten sie vor allem auf den Return on Investment (ROI), den die von Ihnen angebotene Lösung bringt.

Der Wächter

Der Wächter ist auch der Türöffner. Oder auch Türschließer. Seine (oder ihre) Aufgabe ist vor allem, die unterschiedlichen Anbieter auszuwählen und alle relevanten Informationen zu sammeln und für Einkauf und Entscheider aufzubereiten. Häufig wird diese Rolle von Sekretärinnen oder Assistenten ausgefüllt. Wer diese Person oder Personen nicht auf seiner Seite hat, wird es schwer haben im weiteren Verlauf des Verkaufszyklus.

Die Beeinflusser

Im eigentlichen Verkaufszyklus sind die Beeinflusser wenig an der operativen Einkaufsentscheidung beteiligt. Und doch ist ihre Rolle nicht zu unterschätzen, denn in der Regel sind das genau die Personen, die auf die Vorbereitung der Entscheidung Einfluss nehmen, ohne dass Sie dies mitbekommen. Beispielsweise, indem sie Kaufkriterien festlegen oder auch festlegen, wie unterschiedliche Angebote miteinander vergleichbar gemacht werden können. Oft sind es aber auch externe Planungsbüros, die eine Vorauswahl von möglichen Lieferanten treffen sollen.

Der Initiator

Initiatoren sind, wie Anwender auch, diejenigen, die ein bestimmtes Problem erkennen und dafür die Beschaffung einer passenden Lösung auslösen. Allerdings gehören sie selbst nicht zur Anwendergruppe. Häufig treten Initiatoren dann auf, wenn es um die Optimierung der Ist-Situation geht. Externe und interne Unternehmensberater beispielsweise können Initiatoren sein, wenn sie eine Analyse mit einem entsprechenden Lösungsvorschlag entwickelt haben. Auch Führungskräfte, die in einen Bereich oder in eine Abteilung neu hinein kommen, werden im Rahmen ihrer Arbeit als ständige Optimierer zum Initiator.

Die Analyse des Buying Centers

Förderer, Gegner und deren Einfluss

Gut zu wissen, dass es unterschiedliche Rollen gibt, die im Buying Center übernommen werden. Allerdings reicht dies nicht aus – denn bis jetzt haben wir noch nicht herausgefunden, welche Interessenlage die einzelnen Personen im Buying Center haben.

Unabhängig davon, wie groß der Einfluss der jeweiligen Personen auf die eigentliche Kaufentscheidung ist – wir benötigen noch eine weitere Einteilung: Wir werden zunächst einmal alle Personen, die wir identifiziert haben, in zwei Gruppen einteilen: diejenigen, die unsere **Förderer** sind, und diejenigen, die unsere **Gegner** sind.

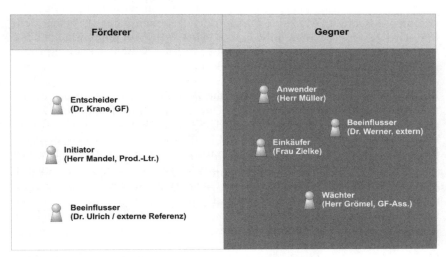

Abbildung 8: Erste Klassifizierung der Personen im Buying Center

Die erste Einteilung ist also vorgenommen. Als nächstes sollten Sie versuchen herauszufinden, **wie groß der Einfluss der einzelnen Personen** ist.

Dafür fügen wir den beiden Kästen eine Achse zu, die eine sinnvolle Einteilung erlaubt. Sie werden in der Grafik erkennen, dass die einzelnen Personen jetzt schon anders in ihren jeweiligen Feldern angeordnet sind – und zwar je nach ihrem Einfluss auf die Kaufentscheidung.

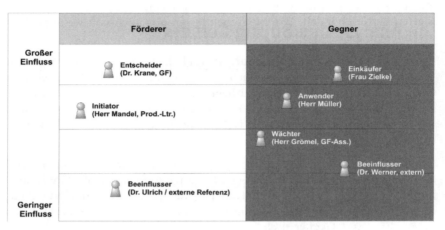

Abbildung 9: Zusätzliche Klassifizierung der Personen im Buying Center

Natürlich ist es nicht ganz einfach, treffsicher herauszufinden, wie nennenswert der Einfluss der jeweiligen Personen auf die Kaufentscheidung ist. In der Praxis empfiehlt sich, dass Sie direkt mit dem ersten Kontakt im Unternehmen des potenziellen Kunden herauszufinden versuchen, wer die handelnden Personen sind und wie groß deren Einfluss ist.

Aus der Erfahrung heraus gibt es meist einen Initiator, der den Einkaufsprozess angestoßen hat und der in der Regel auch den ersten Kontakt mit Ihnen hat. In diesem Fall haben Sie natürlich eine Steilvorlage, denn der Initiator hat ja auch ein persönliches Interesse daran, dass Sie ein qualifiziertes und für das Unternehmen passendes Angebot erstellen können. Insofern wird er Ihnen sicher bei der „Detektivarbeit" behilflich sein und Ihnen seine eigene Einschätzung liefern, wer welchen Einfluss hat. Ich kann Ihnen nur empfehlen: Nutzen Sie diese Kontakte, denn sie sind überaus wertvoll.

Als letzte Maßnahme ist es wichtig herauszufinden, wie denn die Interessen der einzelnen Personen im Buying Center gelagert sind.

Wir könnten jetzt dazu übergehen, Abbildung 9 noch eine weitere Einteilung hinzuzufügen. Das machte allerdings nur dann Sinn, wenn wir nur die Kombination von zwei Interessenlagen berücksichtigen würden, zum Beispiel dem kaufmännischen Interesse oder dem technischen Interesse.

In der Praxis allerdings zeigt sich immer wieder, dass Kaufentscheidungen nicht nur nach rationalen Gesichtspunkten getroffen werden. Auch dann nicht, wenn es sich um eine Anschaffung für einen wirtschaftlich organisierten Betrieb handelt. Wir Menschen lassen uns noch von weiteren Motiven leiten, die nicht immer rational erfassbar sind.

Die wesentlichen Kaufmotive finden Sie im Folgenden – und zwar unterteilt in individuelle Motive der einzelnen Personen und in übergreifende Motive, die also das ganze Unternehmen betreffen.

Individuelle Kaufmotive

Die Beweggründe, warum eine Person etwas kauft, sind so verschieden wie die Menschen selbst. Das ist auch der Grund, warum nicht immer das wirtschaftlichste Angebot eines Unternehmens angenommen wird. Geld ist nun einmal nicht alles.

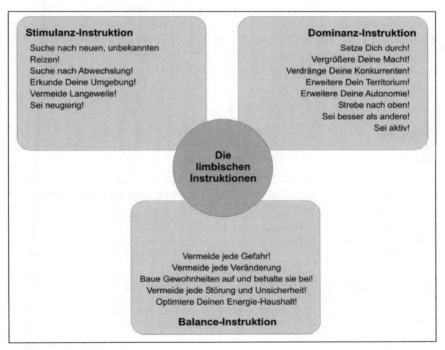

Quelle: In Anlehnung an Häusel, 2002, S. 32
Abbildung 10: Die limbischen Instruktionen nach Häusel

Ebenso wichtig wie die technischen und kaufmännischen Argumente, die wir mit unseren Angeboten ins Feld führen, sind die persönlichen Motive der Personen, mit denen wir es zu tun haben.

Es gibt unterschiedliche Ansätze, die wir für unsere Argumentation als Grundlage nutzen können. Die aus meiner Sicht sinnvollste Grundlage bilden die Forschungsergebnisse von Dr. Hans-Georg Häusel zum Thema „Limbisches System". Häusel hat die Instruktionen, die jeder Mensch aus seinem noch aus der Frühzeit der Evolution stammenden Reptilienhirn unbewusst erhält, in drei Gruppen aufgeteilt (siehe Abbildung 10).

Jeder von uns erhält, ob er will oder nicht, seine Instruktionen aus eben diesem Teil des Gehirns, der uns seit Urzeiten begleitet. Was bedeutet das für uns als Verkäufer? Nun, ebenso wie wir erhalten auch die Personen im Buying Center ihre Instruktionen aus einer oder mehrerer dieser drei Dimensionen.

Wohlgemerkt: Jede Person im Buying Center folgt mindestens einer dieser drei Instruktionen. Häufig ist es sogar die Kombination aus zwei verschiedenen Instruktionen. Da Sie dies wissen, können Sie sich diese Informationen zunutze machen. Übersetzen wir also einmal die genannten Instruktionen in alltägliche Verhaltensweisen, mit denen Sie im Verkäuferalltag laufend in Kontakt kommen. Abbildung 11 zeigt, wie sich dies in der Praxis äußert.

Limbische Instruktion / Kombination von Instruktionen	Äußert sich in
Dominanz	Konkurrenzwille, Macht, Anerkennung, Ruhm, Erfolg, Ehrgeiz, Karriere, Leistung
Balance	Geborgenheit, Tradition, Qualität, Gesundheit
Stimulanz	Neugier, Entdeckung, Erforschung, Abwechslung, Kreativität, Humor
Dominanz mit Balance	Diszipliniertes Verhalten, Präzision, Hartnäckigkeit, Logik, Zuverlässigkeit
Balance mit Stimulanz	Tolerantes Verhalten, Offenheit, Bequemlichkeit
Stimulanz mit Dominanz	Abenteuergeist, Impulsivität, Rebellion, Risikofreude, Spontaneität

Quelle: In Anlehnung an Häusel, 2002, S. 32

Abbildung 11: Die Verhaltensweisen nach den limbischen Instruktionen

Der Buying Center Compass

Wir haben also jetzt die unterschiedlichen Personen identifiziert, in zwei Gruppen eingeteilt und anschließend nach ihrem Einfluss auf die Kaufentscheidung klassifiziert. So weit, so gut. Jetzt gehen wir einen Schritt weiter und nehmen uns einmal die einzelnen Personen des Buying Centers vor.

Für jede Person des Buying Centers können Sie eine strukturierte Analyse durchführen, die Ihnen helfen wird, einerseits die richtigen Argumente zu finden und andererseits mögliche Spannungsfelder zwischen rationalem und emotionalem Handeln im Vorfeld zu erkennen.

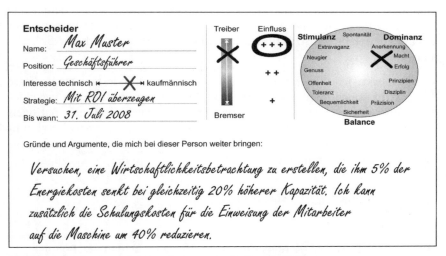

Abbildung 12: Analyse einzelner Personen im Buying Center

Hier am Beispiel eines Beeinflussers gezeigt, können Sie diese Analyse auch für alle weiteren Personen im Buying Center durchführen. Natürlich sind Ihre Einschätzungen in der Regel eher subjektiv, allerdings zeigt die Praxis, dass gerade in den „weichen" Faktoren eine hohe Treffsicherheit besteht. Das Ergebnis ist der so genannte optvend Buying Center Compass, den Sie als Vordruck auch im Download-Bereich (siehe Kapitel „Praxis-Checklisten für den Alltag") finden. Wie der Buying Center Compass aussieht, zeigt Abbildung 13.

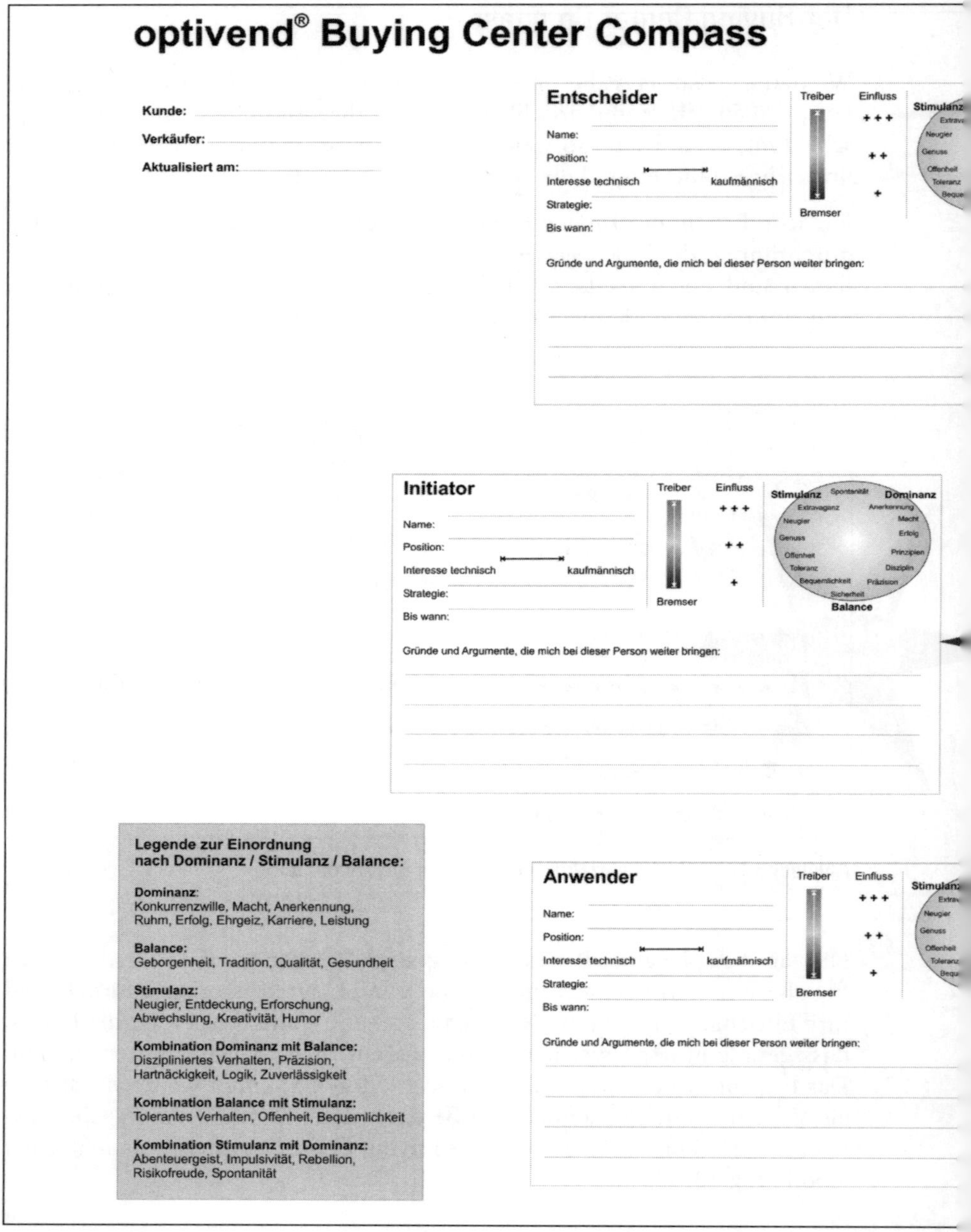

optivend® Buying Center Compass

Kunde: _____
Verkäufer: _____
Aktualisiert am: _____

Entscheider

Name: _____
Position: _____
Interesse technisch |—————| kaufmännisch
Strategie: _____
Bis wann: _____

Treiber Einfluss
+++
++
+

Bremser

Stimulanz
Extravaganz
Neugier
Genuss
Offenheit
Toleranz
Bequemlichkeit

Gründe und Argumente, die mich bei dieser Person weiter bringen:
_____
_____
_____

Initiator

Name: _____
Position: _____
Interesse technisch |—————| kaufmännisch
Strategie: _____
Bis wann: _____

Treiber Einfluss
+++
++
+

Bremser

Stimulanz — Spontanität — Dominanz
Extravaganz   Anerkennung
Neugier   Macht
Genuss   Erfolg
Offenheit   Prinzipien
Toleranz   Disziplin
Bequemlichkeit Präzision
Sicherheit
Balance

Gründe und Argumente, die mich bei dieser Person weiter bringen:
_____
_____
_____

Legende zur Einordnung nach Dominanz / Stimulanz / Balance:

Dominanz:
Konkurrenzwille, Macht, Anerkennung, Ruhm, Erfolg, Ehrgeiz, Karriere, Leistung

Balance:
Geborgenheit, Tradition, Qualität, Gesundheit

Stimulanz:
Neugier, Entdeckung, Erforschung, Abwechslung, Kreativität, Humor

Kombination Dominanz mit Balance:
Diszipliniertes Verhalten, Präzision, Hartnäckigkeit, Logik, Zuverlässigkeit

Kombination Balance mit Stimulanz:
Tolerantes Verhalten, Offenheit, Bequemlichkeit

Kombination Stimulanz mit Dominanz:
Abenteuergeist, Impulsivität, Rebellion, Risikofreude, Spontanität

Anwender

Name: _____
Position: _____
Interesse technisch |—————| kaufmännisch
Strategie: _____
Bis wann: _____

Treiber Einfluss
+++
++
+

Bremser

Stimulanz
Extravaganz
Neugier
Genuss
Offenheit
Toleranz
Bequemlichkeit

Gründe und Argumente, die mich bei dieser Person weiter bringen:
_____
_____
_____

Abbildung 13: Der optivend Buying Center Compass

Beeinflusser

Name:
Position:
Interesse technisch — kaufmännisch
Strategie:
Bis wann:

Treiber / Einfluss
+ + +
+ +
+
Bremser

Stimulanz — Spontanität — Dominanz
Extravaganz — Anerkennung
Neugier — Macht
Genuss — Erfolg
Offenheit — Prinzipien
Toleranz — Disziplin
Bequemlichkeit — Präzision
Sicherheit
Balance

Gründe und Argumente, die mich bei dieser Person weiter bringen:

Buying Center Compass

Wächter

Name:
Position:
Interesse technisch — kaufmännisch
Strategie:
Bis wann:

Treiber / Einfluss
+ + +
+ +
+
Bremser

Stimulanz — Spontanität — Dominanz
Extravaganz — Anerkennung
Neugier — Macht
Genuss — Erfolg
Offenheit — Prinzipien
Toleranz — Disziplin
Bequemlichkeit — Präzision
Sicherheit
Balance

Gründe und Argumente, die mich bei dieser Person weiter bringen:

Einkäufer

Name:
Position:
Interesse technisch — kaufmännisch
Strategie:
Bis wann:

Treiber / Einfluss
+ + +
+ +
+
Bremser

Stimulanz — Spontanität — Dominanz
Extravaganz — Anerkennung
Neugier — Macht
Genuss — Erfolg
Offenheit — Prinzipien
Toleranz — Disziplin
Bequemlichkeit — Präzision
Sicherheit
Balance

Gründe und Argumente, die mich bei dieser Person weiter bringen:

Das Beziehungsgeflecht im Buying Center

Das Beziehungsgeflecht im Buying Center

Ihr Buying Center ist also erschlossen und Ihr Buying Center Compass ist ausgefüllt. Damit haben Sie eine hervorragende Grundlage geschaffen, Einfluss auf die unterschiedlichen Personen zu nehmen.

Sie wissen sicherlich aus Ihrem eigenen Unternehmen, dass zwischen den einzelnen Personen auch unterschiedliche Beziehungen herrschen können. Die Tatsache, dass man miteinander arbeitet, bedeutet noch lange nicht, dass man sich auch sympathisch ist und **gern** miteinander arbeitet. Auch private Verflechtungen können Einfluss auf die Rollenverteilung im Buying Center haben.

Die folgende Skizze (Abbildung 14) habe ich vor Jahren selbst einmal für einen meiner Kunden gemacht. Ich wollte bildlich darstellen, „wer mit wem gut kann" und warum. Daraufhin wollte ich eine Taktik entwickeln, welche Wege ich bis zum Abschluss gehen würde. Die Namen habe ich geändert – ansonsten entspricht sie exakt meinen Aufzeichnungen:

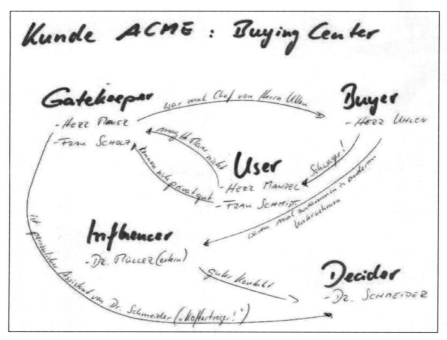

Abbildung 14: Arbeitsexemplar zur Visualisierung der persönlichen Beziehungen innerhalb eines Buying Centers

Diese Skizze ist eher intuitiv entstanden und sieht auf den ersten Blick nicht sehr strukturiert aus. Jedoch: Wenn die zwischenmenschlichen Beziehungen im Buying Center aufgedeckt werden sollen, hilft solch eine „weiche" Vorgehensweise. Mir war damals wichtig, die *informellen* Informationswege aufzudecken, um besser Einfluss nehmen zu können. Alle Wege habe ich sicher nicht damit aufgedeckt, aber die für mich wichtigsten Punkte hatte ich wohl erfasst, denn das Projekt wurde zum Auftrag.

Das Wichtigste aus diesem Kapitel in Kürze

- Das Erschließen des Buying Centers ist der Schlüssel zum strukturierten Vorgehen im Verkaufszyklus.
- Buying Center können sowohl informell als auch formell analysiert werden.
- Die Analyse eines Buying Centers mündet immer in konkreten Aktivitäten des Verkäufers, um „rote Bereiche" zu eliminieren.

6 Von Erstgespräch bis After-Sales: Die Phasen im Verkaufszyklus souverän meistern

> **In diesem Kapitel erfahren Sie ...**
> - ... welche Phasen es im Verkauf von Investitionsgütern gibt.
> - ... wann Wettbewerber Ihre bestehenden Kundenbeziehungen besonders einfach stören können.
> - ... wie Sie einen Termin für ein Erstgespräch bekommen.
> - ... wie Sie ein Erstgespräch vorbereiten und professionell durchführen.
> - ... wie Sie ein unvergleichliches Angebot erstellen.
> - ... wie Sie Ihr Buying Center in der Präsentation begeistern.
> - ... wie Zwischenabschlüsse Ihnen helfen, mehr Erfolg zu haben.
> - ... wie Sie auch harte Abschlussverhandlungen zum beiderseitigen Erfolg führen.

Je nach Unternehmen, Produkt und Modell der Kundeninteraktion gibt es unterschiedliche festgelegte Prozesse im Vertrieb. Viele Verkaufszyklen enden mit dem Verkaufsabschluss, denn dann ist ja die Hauptarbeit des Verkäufers getan.

Ich bin der Meinung, dass erst der erste Teil der Aufgabe gelöst ist. Der „potenzielle Kunde" ist zum „echten Kunden" geworden. Der eigentliche Kauf, also die Vertragsunterzeichnung, ist so hoffentlich – frei nach Humphrey Bogart – der Beginn einer wunderbaren Freundschaft zwischen Ihrem Unternehmen und dem Ihres Ansprechpartners.

Trotzdem werden wir uns in diesem Buch auf die Phasen im „Pre-Sales"-Bereich konzentrieren, denn es geht ja um das Gewinnen neuer Kunden.

Die Pre-Sales-Phasen

Der hier dargestellte Verkaufszyklus bezieht sich auf Investitionsgüter, die (in der Regel) direkt an den Endkunden verkauft werden. Allerdings gilt er auch für diejenigen Fälle, in denen Sie als Verkäufer den direkten Kontakt

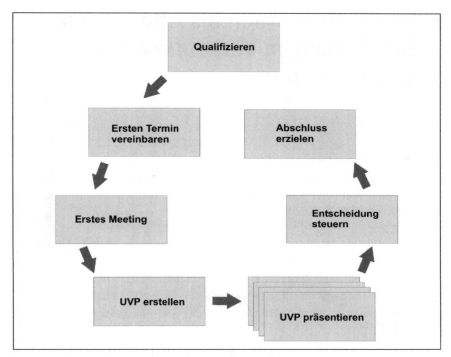

Abbildung 15: Der Verkaufszyklus für Investitionsgüter im personellen Verkauf

zum Endkunden aufbauen müssen, um ihn dann für die Abwicklung an den qualifizierten Fachhandel zu übergeben.

In einigen Branchen, in denen ein großer Wettbewerbsdruck besteht, ist dies eine unumgängliche Arbeitsweise. Einerseits möchte der Hersteller auf den qualifizierten Fachhandel als Servicepartner und auch als Vertriebskanal nicht verzichten. Andererseits stehen auch die Fachhändler häufig unter einem hohen Wettbewerbsdruck, sodass die Händler sich gezwungen sehen, das anzubieten, was am meisten nachgefragt wird. Und zwar ohne Ansehen der Produktqualität und der erzielbaren Deckungsbeiträge.

Befassen wir uns also mit dem Kunden direkt. Abbildung 15 verdeutlicht, dass es sich hier um einen offenen Kreislauf handelt. (UVP steht für „Unique Value Proposition" und wird in „Phase 4: So erstellen Sie Ihre Angebotspräsentation" näher erläutert.)

Nach dem Motto „Nach dem Kauf ist vor dem Kauf" haben Sie als Verkäufer die Aufgabe, Ihren Kunden immer wieder zum Neukauf, zur Ersatzbe-

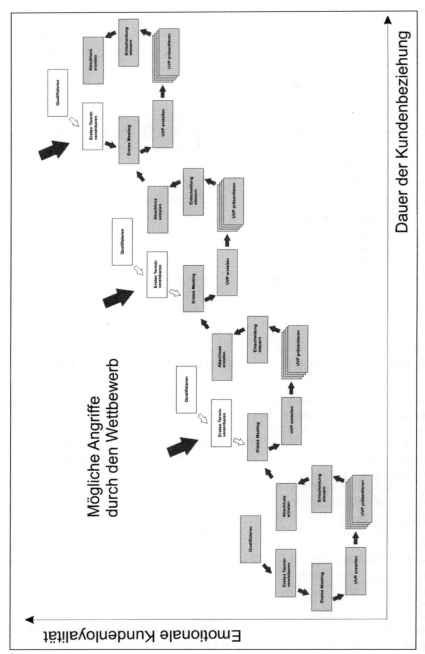

Abbildung 16: Kundenbeziehung und Kundenloyalität – und die Angriffspunkte Ihrer Wettbewerber

schaffung etc. zu motivieren. So können Sie in Abbildung 16 sehen, dass der für Sie relevante Einstiegspunkt in den Verkaufszyklus bei Wiederholungskäufen nicht mehr die Qualifikation ist, sondern das (auf diesen neuen Kauf bezogene) Erstgespräch mit Ihrem Kunden.

Für jede neue Beschaffung wird Ihr Kunde in der Regel wieder mindestens drei Angebote einholen oder sie sogar ausschreiben. Und zwar unabhängig davon, ob Sie bereits eine bestehende Kundenbeziehung haben oder nicht. Allerdings wächst die emotionale Loyalität Ihrer Kunden mit der Zeit. Je öfter Ihr Kunde bei Ihnen gekauft hat und zufrieden war, desto höher ist die Treue zu einem Anbieter. Das war die gute Nachricht.

Die Nachricht, die für Sie als Verkäufer wichtig ist, ist folgende: Wenn Sie ein Unternehmen als Kunden gewinnen möchten, können Sie häufig davon ausgehen, dass dieses Unternehmen bereits mit einem Ihrer Wettbewerber eine bestehende Kundenbeziehung hat. Das bedeutet für Sie: Nicht nur Ihre Produkte müssen mindestens denselben Wertbeitrag liefern wie die des Wettbewerbs. Um Kunden einem anderen Unternehmen „abzujagen", müssen Sie als Verkäufer in allen Phasen exzellent sein.

Phase 1: Qualifizieren Sie Ihre potenziellen Kunden

Das ist die Schlüsselfrage, damit Sie Ihre Zeit und Ihre Energie auch sinnvoll einsetzen können. Es macht ja keinen Sinn, wenn Sie nach dem „Gießkannen-Prinzip" einfach wahllos alle vermutlich potenziellen Kunden ansprechen. Bevor Sie versuchen, zu einem ersten Termin zu kommen, sollten Sie sich ganz ernsthaft die Frage beantworten: „Welches Umsatzpotenzial für mein Produkt sollte ein Kunde haben, damit sich ein persönlicher Termin lohnt?" Sie erinnern sich sicher an die Kunden-Interaktionsmodelle aus Kapitel 2. Hier ist deutlich geworden, dass gerade in den margenschwachen Modellen der personelle Verkauf immer weiter in den Hintergrund tritt, weil die direkten Vertriebskosten zu hoch werden.

Wissen Sie, wie viel ein Besuch eines Außendienstverkäufers kostet? Je nach Branche, Dauer und Spezialisierungsgrad kann dies zwischen 400 und 2.500 Euro liegen. Wenn Sie jetzt die Spannen dagegenhalten, die Sie mit den potenziellen Kunden maximal realisieren können, trennt sich zum ersten Mal die Spreu vom Weizen.

Ein erster Anhaltspunkt ist beispielsweise die Unternehmensgröße der potenziellen Kunden. Weitere Anhaltspunkte sind zum Beispiel die Geschäftsmodelle der Kunden. Einige Firmen, die Sie als potenzielle Kunden identifiziert haben, haben vielleicht sogar bereits die eigene Fertigung ausgelagert und nun keinen Bedarf mehr für Ihre Leistungen.

Natürlich ist wichtig, auch die Branchenzugehörigkeit der potenziellen Kunden zu berücksichtigen. Stellen Sie sich vor, Sie verkaufen Energie mit den dazugehörigen Dienstleistungen – dann haben Sie es, sofern Sie mit der Neukundengewinnung beauftragt sind, weitaus leichter, wenn Sie sich „von Branche zu Branche" durcharbeiten. Der Vorteil dieser Vorgehensweise liegt vor allem darin, dass Sie von jedem Unternehmen der Zielbranche etwas Neues erfahren und dies in Ihren nächsten Gesprächen nutzen können. Beispielsweise, wenn es darum geht, die richtigen Fragen zu formulieren.

Ich möchte das Thema nicht allzu kompliziert machen – schließlich ist jeder potenzielle Kunde wertvoll. Allerdings möchte ich Ihnen eine Hilfestellung geben, wenn Sie vor der Frage stehen: „Auf welche Gruppe konzentriere ich mich zuerst?". Wenn es um Neukundengewinnung geht, empfehle ich die Nutzung von Branchenverzeichnissen. Stellen Sie sich vor, Sie möchten mit der großen Gruppe der Maschinen- und Anlagenbauer ins Geschäft kommen. Dann empfiehlt sich zum Beispiel, mit dem VDMA, dem Verband der Maschinen- und Anlagenbauer, in Kontakt zu treten, damit Sie ein Verzeichnis der Verbandsmitglieder bekommen.

Weitere Quellen, die Ihnen bei der Identifikation potenzieller Kunden helfen können, sind:

- Adress- und Firmendatenbanken (zum Beispiel Hoppenstedt, WLW, Schober etc.)
- Branchenverzeichnisse (zum Beispiel Gelbe Seiten, klickTel etc.)
- Ausschreibungsdatenbanken
- Anzeigenwerbung
- Fachzeitschriften (Branchenblätter)
- Wirtschaftsinformationsdienste (zum Beispiel www.firmenwissen.de)
- und andere.

Sie haben sicher schon einmal von den Begriffen „Verkaufs-Pipeline" oder „Verkaufstrichter" gehört. Beide Begriffe beschreiben das grundsätzliche Wesen des aktiv gesteuerten Verkaufs: Damit am Ende etwas herauskommen kann, muss vorn etwas hineingefüllt werden.

Ich persönlich bevorzuge den Begriff „Trichter" – einfach deshalb, weil durch die besondere Form noch ein weiteres Phänomen deutlich wird: Wir müssen immer mehr Potenzial in den Trichter hineinfüllen, als am Ende unten herauskommt. Genau genommen ist es nicht nur ein Trichter, sondern ein Siebtrichter. Bei einem Trichter kommt nämlich am Ende immer dieselbe Menge heraus, wie wir oben hinein gefüllt haben. Bei einem Trichtersieb kann es vorkommen, dass einige Dinge im Trichter hängenbleiben.

In Ihrem Fall sind das die potenziellen Kunden, die am Ende zu echten Kunden werden sollen. Fakt ist aber: Es sind immer weniger, als Sie oben „hineinfüllen" können.

Wichtig ist also nicht nur, dass Sie die einzelnen Phasen des Akquisitionsprozesses kennen, sondern auch noch so effektiv innerhalb des Prozesses arbeiten, dass am Schluss die Quoten stimmen. Erfolgreiche Unternehmen kennen in der Regel die Quoten innerhalb des Akquisitionsprozesses genau. So können sie beispielsweise sagen, aus wie vielen Messekontakten ein Erstgespräch entstanden ist, aus wie vielen erstellten Angeboten ein Auftrag geworden ist.

Wie können Sie also sicherstellen, dass Sie immer genügend aktuelle potenzielle Kunden in Ihren Trichter bekommen? Ich empfehle, gerade im Verkauf von Investitionsgütern, dass Sie sich als Verkäufer mit wichtigen Potenzial-Lieferanten „vernetzen". Beispielsweise dienen Fachtagungen und Erfa-Veranstaltungen hervorragend dazu, Ansprechpartner von potenziellen Kunden kennen zu lernen und sich selbst (ohne Verkaufsdruck) einen Namen zu machen und bekannt zu werden.

Ein weiterer (und aus der Erfahrung heraus wertvoller) Weg sind Messekontakte. Besuchen Sie einmal die Messen, auf denen Ihre potenziellen Kunden als Aussteller zu finden sind. Sicher – ein ausführliches Gespräch werden Sie als Anbieter in der Regel nicht bekommen. Allerdings werden Sie nach meiner Erfahrung immer wertvolle Ansprechpartner finden – und es ist gut, wenn man sich bereits einmal die Hände geschüttelt hat. Anschließend haben Sie es viel einfacher, einen Termin für ein weiterführendes ausführliches Gespräch zu bekommen. Wetten?

Phase 2: So bekommen Sie einen ersten Termin

Sie haben also Ihre Liste vor sich und wollen nun versuchen, einen Termin für ein Erstgespräch zu bekommen? Gut, dann legen wir einmal gemeinsam los.

Ein Punkt, der mir persönlich für Ihren Erfolg wichtig ist: Ich kenne Verkäufer, die tage- und wochenlang einen potenziellen Kunden analysiert haben und alle Informationen von dessen Internetseite gelesen haben, nur um sich besser zu fühlen, wenn sie dort irgendwann anrufen. Diese Vorgehensweise birgt eine große Gefahr: Je mehr Sie sich noch in der Qualifizierungsphase in die Informationstiefen bestimmter potenzieller Kunden begeben, desto höher ist das Risiko, dass Sie dort erst gar nicht anrufen. Eine Marktanalyse und die Qualifizierung möglicher Kunden sind wichtig. Aber auch hier gilt: Allzu viel ist ungesund.

Auf welche Art und Weise sprechen Sie in der Regel Ihre Kunden an? In der Regel ist das Wasser eiskalt, wenn es darum geht, Neukunden zu gewinnen. Nun haben Sie ja im vorherigen Abschnitt schon erfahren, wie Sie das Wasser etwas anwärmen können. Psychologisch hilft Ihnen das – faktisch ist das Wasser immer noch kalt. Aber eben nicht mehr eiskalt.

Nehmen wir einmal den kostengünstigsten Weg, einen Termin für ein Erstgespräch zu bekommen: das Telefon. Wie gehen Sie in der Regel vor? Benutzen Sie einen Gesprächsleitfaden für die telefonische Akquisition? Wenn nicht – ich empfehle Ihnen, sich gleich morgen einen Leitfaden zu erstellen. Sie werden feststellen: Mit einem strukturierten Leitfaden haben Sie weitaus bessere Chancen, systematisch erfolgreich zu sein und Termine zu bekommen, als ohne Leitfaden.

Was kann Ihnen noch helfen? Nun, am wirksamsten sind natürlich Empfehlungen von Ihren bestehenden Kunden. Die Formulierung „Herr Meier, einer meiner Kunden ist Herr Müller bei der Firma Ypsilon. Herr Müller hat mir empfohlen, Sie einmal anzurufen, weil er der Meinung ist, dass mein Produkt Ihnen ebenso helfen könnte wie ihm und seinem Unternehmen selbst." wirkt immer noch wahre Wunder. Zu Recht, denn eine Empfehlung ist nicht immer leicht zu bekommen und gleichzeitig schafft sie einen ungeheuren Vertrauensvorschuss, der Ihnen entgegengebracht wird.

Beispiel

> In einer Seminargruppe hatte ich einmal einen Teilnehmer, der seine Terminvereinbarungsgespräche sinngemäß folgendermaßen führte: „Guten Tag, Herr Maier, hier spricht Karl Müller von der XYZ-AG in Köln. Der Grund, warum ich Sie heute anrufe, Herr Maier, ist: Ich möchte Sie gern als Kunden gewinnen. Wann können wir uns einmal eine Stunde Zeit dafür nehmen, damit ich Ihnen zeigen kann, welche Computer Sie bei mir kaufen können?".

Bei dieser Variante wird kein einziger Nutzen für den Gesprächspartner kommuniziert – im Gegenteil: Der Verkäufer spricht nur von seinem eigenen Nutzen (Ich möchte Sie gern als Kunden gewinnen). Wie, glauben Sie, haben die Gesprächspartner auf eine solche Gesprächsführung reagiert? Die Terminquote lag mit diesem Vorgehen bei unter fünf Prozent!

Es wird Sie nicht überraschen, wenn die Terminierquote nach der Umstellung auf einen kundennutzenorientierten Gesprächsaufhänger deutlich angestiegen ist.

Nutzen Sie einen Aufhänger

Ein guter Aufhänger ist der halbe Termin, sagt man. Im Grunde ist der Aufhänger Ihr „Elevator-Pitch", um bei Ihrem Wunschgesprächspartner einen Termin zu bekommen.

Welche Vorteile hat es, wenn Sie sich einen Aufhänger zurechtlegen, um gleich von vornherein deutlich zu machen, warum Sie einen Termin möchten? Sie beginnen gleich am Anfang des Verkaufsprozesses, in Kundennutzen zu denken, und bleiben nicht in Produktmerkmalen verhaftet.

Wie hört sich ein guter Aufhänger an? Er ist vor allem kurz und bringt immer den Kundennutzen mit.

Beispiele

> **Beispiel 1:** Sie verkaufen Energie und energienahe Dienstleistungen. Dann könnte sich Ihr Aufhänger so anhören: „Guten Tag, Herr Maier, hier spricht Karl Müller von der Energie AG in Köln. Herr Maier, ich rufe Sie heute an, weil wir speziell für Unternehmen Ihrer Branche ein neues Leistungsangebot entwickelt haben, mit dem Sie Ihre Energiekosten ab dem ersten Tag senken können. Wann können wir uns eine Stunde Zeit nehmen, damit wir gemeinsam herausfinden können, was das konkret für Ihr Unternehmen bedeuten kann?"
>
> **Beispiel 2:** Sie verkaufen Fotokopierer. Dann könnte sich Ihr Aufhänger so anhören: „Guten Tag, Herr Maier, hier spricht Karl Müller von der COPY-AG in München. Herr Maier, ich rufe Sie heute an, weil ich glaube, dass ich Ihnen und Ihren Mitarbeitern mit dem neuen Schnellkopierer bis zu zwei Stunden Zeit pro Woche sparen kann, die Sie dann für wichtigere Dinge zur Verfügung hätten. Wie interessant ist das für Sie?"
>
> **Beispiel 3:** Sie verkaufen Kücheneinrichtungen an Hotels und haben eine Empfehlung bekommen. Dann könnte sich Ihr Aufhänger so anhören: „Guten Tag, Herr Maier, hier spricht Karl Müller von der Horekitch AG in Frankfurt. Herr Maier, ein guter Kunde von mir, Herr Schneider aus dem Hotel Schwan hat mir empfohlen, Sie einmal anzurufen, weil Sie ja eine neue Küche planen. Herr Schneider ist sehr zufrieden mit unserer Leistung und hat mit seinem neuen Herd schon im ersten Monat richtig Energie sparen können. Wann können wir beide uns einmal zusammensetzen, damit ich Ihnen genau zeigen kann, welche Vorteile Sie mit einer Horekitch-Küche haben?"
>
> **Beispiel 4:** Sie verkaufen Anlagen und haben eine Branche neu übernommen. Dann könnte sich Ihr Aufhänger so anhören: „Guten Tag, Herr Maier, hier spricht Karl Müller von der Anlagenbau-AG in Hamburg. Herr Maier, ich habe bei der Anlagenbau-AG den Bereich Vertrieb übernommen, nachdem ich einige Jahre in der Entwicklung gearbeitet habe. Heute rufe ich Sie an, damit wir beide uns einmal kennen lernen können und ich Ihnen einige interessante Referenzprojekte präsentieren kann. Wann ist es sinnvoll, dass wir uns einmal zusammensetzen?"

Sie sehen: In jedem dieser Beispiele ist bewusst der Kundennutzen herausgestellt. Denn im Kopf des Gesprächspartners existiert immer nur eines: die Frage nach dem „Was habe ich davon, wenn ich ihm einen Termin gebe?".

Ein weiteres Merkmal, das alle genannten Beispiele gemeinsam haben: Jedes Beispiel endet mit einer offenen Frage nach dem richtigen Zeitpunkt. Lassen Sie sich nicht entmutigen, wenn es derzeit vielleicht nicht passt.

> **Merke**
>
> In der Neukundengewinnung gibt es immer drei unterschiedliche Zeitpunkte, zu denen Sie anrufen können: Zu früh, richtig und zu spät. In jedem Fall haben Sie aber eine Orientierung, wann der richtige Zeitpunkt sein wird. Führen Sie also eine Wiedervorlage!

„Zu früh" bedeutet für Sie nichts anderes als: Der richtige Zeitpunkt ist noch nicht gekommen, aber wenn Sie am Ball bleiben und eine gute Wiedervorlage führen, werden Sie den richtigen Zeitpunkt ansteuern können.

„Richtig" bedeutet, dass Sie zufällig gerade im richtigen Augenblick angerufen haben und direkt einen Termin für das Erstgespräch vereinbaren können. Vorausgesetzt, Ihre Botschaft hat ausreichend Interesse geweckt.

„Zu spät" bedeutet im Grunde: „Wir haben uns bereits für einen anderen Partner entschieden." Wie gehen Sie mit einer solchen Situation um? Nun, die gute Nachricht aus dieser Aussage ist: Grundsätzlich ist Bedarf vorhanden, sonst hätte sich das Unternehmen nicht entschieden. Ich schlage vor, dass Sie „zu spät" genau so behandeln wie „zu früh" – nur, dass der Zeitraum, bis der richtige Zeitpunkt gekommen ist, hier etwas länger dauert. Ihre Wiedervorlage wird Ihnen helfen, den richtigen Zeitpunkt zu finden. Auch, wenn er erst in drei Jahren ist.

Einen Termin für ein Erstgespräch zu bekommen, ist gar nicht so schwierig. Schwierig ist es nur für diejenigen, die keinen griffigen Aufhänger oder keinen interessanten Nutzen für den Kunden mitbringen.

Aus der Erfahrung heraus gebe ich Ihnen noch die drei wichtigsten Tipps, damit Sie Ihre Telefonarbeit leichter und rascher erledigen und Ihren Terminkalender für die Neukontakte füllen können.

> **Tipp 1:**
>
> Legen Sie sich feste Telefonzeiten, in denen Sie möglichst nichts anderes tun, als Neu-Termine zu vereinbaren. Das kann morgens zwischen 8.30 und 12 Uhr sein. Danach sollten nur noch fest vereinbarte Gespräche folgen, etwa wenn Sie gebeten wurden, ab 17 Uhr wieder anzurufen. Das können Sie dann auch gut von unterwegs aus machen.

Tipp 2:
Sorgen Sie dafür, dass Sie konzentriert, möglichst an einem Tisch oder Schreibtisch sitzen. So haben Sie nämlich eine aufrechte Körperhaltung und Ihre Stimme klingt so sehr viel freier, als wenn Sie sich über einen Couchtisch beugen müssen, um Ihre Notizen zu machen.

Tipp 3:
Machen Sie sich Notizen am besten von Hand. Jedes „Tickern" der Computer-Tastatur stört das Gespräch und erweckt zudem den Eindruck, Sie säßen in einem Call-Center.

Damit Sie während des Gesprächs mehr Erfolg haben, empfehle ich Ihnen die folgende Vorgehensweise:

- Nach der Begrüßung mit Ihrem Namen und dem Ihres Unternehmens bringen Sie den Aufhänger Ihres Gesprächs – und zwar so, wie Sie ihn vorbereitet haben.
- Wenn Ihr Aufhänger nicht so „zieht", wie Sie sich das wünschen, hilft oft eine Nachfrage, wie „Was müsste ein Produkt können, damit Sie darüber nachdenken, mit mir einen Termin zu vereinbaren?". Mit dieser offenen Frage gewinnen Sie meist die ersten Pluspunkte bei Ihrem Gesprächspartner. Einerseits, weil Sie zielstrebig sind, ohne aufdringlich zu sein, andererseits, weil Sie deutlich signalisieren, dass Ihnen die Wünsche Ihres Kunden wichtig sind.
- Tappen Sie nicht in die Falle, gleich am Telefon Ihr Produkt anzupreisen. Damit verschießen Sie gleich Ihre komplette Munition und Sie haben nichts mehr in der Hinterhand für das Gespräch vor Ort. Sie können, ohne unhöflich zu wirken, sagen: „Herr Müller, Ich möchte zunächst Ihre Situation und die Ihres Unternehmens verstehen, bevor ich Ihnen mein Produkt zeige. Insgesamt benötigen wir circa eine Stunde, und anschließend haben Sie alle Informationen, die für Sie wichtig sind, um eine Entscheidung treffen zu können, ob Sie ein konkretes Angebot wünschen. Hier am Telefon könnte ich Ihnen nie das anbieten, was wirklich zu Ihnen passt." Halten Sie sich immer vor Augen: Das Produkt, das Sie am Telefon verkaufen, heißt „Termin vor Ort" und nicht „Meine Lösung".
- Hüten Sie sich davor, die benötigte Zeit künstlich klein zu halten. Wenn Sie beispielsweise sagen „Ich brauche nur 15 Minuten Ihrer Zeit" signalisieren Sie deutlich: So wichtig und aufschlussreich kann es ja nicht sein, was Sie anbieten.
- Antworten Sie keinesfalls auf die Frage „Was kostet Ihr Produkt denn?". Auch das ist eine Falle, in die ungeübte Verkäufer gerne tappen. Die Stars unter den Terminierern antworten auf eine solche Frage beispiels-

weise: „Ein konkretes Angebot mache ich Ihnen gern, wenn ich alle wesentlichen Informationen von Ihnen bekommen habe. Dafür sollten wir uns eine Stunde Zeit nehmen, damit ich Ihnen auch das Richtige anbiete." Es gibt auch offensivere Antworten. Eine Variante kann sich zum Beispiel so anhören: „Mein Produkt kostet gar nichts, denn es bringt Ihnen mehr, als Sie dafür bezahlen." Alles eine Frage des Selbstbewusstseins und des Nervenkostüms! Aber seien Sie versichert: Offensive bringt mehr Termine als Defensive. Und ohne Termine gibt es keine Angebote und ohne Angebote keine Aufträge.

- Bestätigen Sie einen Termin nach Möglichkeit schriftlich. Früher gehörte es zum guten Ton, einen Termin schriftlich per Post zu bestätigen. Auch heute nutze ich immer noch gern diese Form der Terminbestätigung, denn sie hat Stil und signalisiert dem Gesprächspartner, dass er mir diesen „Aufwand" wert ist. Allerdings kommt es auch immer häufiger vor, dass Sie mit Ihrem Gesprächspartner Termineinladungen über Ihr Kalendersystem, wie Outlook oder Lotus Notes, per Mail verschicken. Fragen Sie am besten Ihren Gesprächspartner, auf welche Weise er den Termin bestätigt haben möchte, dann haben Sie immer sofort eine Orientierung.

Ihr persönlicher Telefonleitfaden

Ihren persönlichen Gesprächsleitfaden für das Terminiergespräch können wir gleich hier zusammen erarbeiten. Nutzen Sie einmal die Gelegenheit, die folgenden Phasen mit Ihren eigenen Formulierungen auszufüllen:

Schritt 1: Ihre Begrüßung und der Aufhänger
-
-
-

Schritt 2: Ihre Fragen, mit denen Sie sicherstellen möchten, ob ein konkreter Bedarf vorliegt
-
-

Schritt 3: Was hat der Gesprächspartner davon, dass er Ihnen einen Termin gibt?
-
-
-

Schritt 4: Mit welchen Reaktionen rechnen Sie? Und welche Antworten haben Sie darauf? Einige typische Reaktionen habe ich Ihnen bereits einmal vorgegeben. Versuchen Sie, Ihre Antwort in eine offene Frage zu kleiden. Das hilft Ihnen herauszufinden, was den Gesprächspartner interessiert.

- Kundenreaktion: „Dafür habe ich keine Zeit"
  - Meine persönliche Antwort darauf:
    „Das verstehe ich gut, Herr .... Was müsste ich Ihnen während eines Gesprächs mitteilen, damit Sie sagen ‚Das hat sich für mich gelohnt!'?"
  - Ihre Antwort darauf: _____
    _____
    _____

- Kundenreaktion: „Kein Budget für neue Lösungen"
  - Ihre Antwort darauf: _____
    _____
    _____

- Kundenreaktion: „Wir haben bereits einen Lieferanten"
  - Ihre Antwort darauf: _____
    _____
    _____

- Kundenreaktion: „Das macht für unser Unternehmen keinen Sinn"
  - Ihre Antwort darauf: _____
    _____
    _____

- Kundenreaktion: „Schicken Sie mir erst einmal Unterlagen"
  - Ihre Antwort darauf: _____
    _____
    _____

Die Pre-Sales-Phasen

Schritt 5: Lassen Sie Ihren Gesprächspartner einen Termin vorschlagen. So erreichen Sie, dass er sich wirklich zu einem Termin bereiterklärt, und Sie selbst signalisieren, dass Sie sich gern nach Ihrem Gesprächspartner richten.

-
-
-

Schritt 6: Formulieren Sie einmal Ihre Verabschiedungsformel, wie Sie glauben, dass sie sich am besten anhört:

-
-
-

So. Sie haben jetzt einen Termin bekommen – Glückwunsch! Sie sind also kurz davor, in die nächste Phase im Verkaufszyklus einzusteigen.

Phase 3: Das erste Treffen: Was können Sie vom Kunden lernen?

Je komplexer Ihre Produkte sind, desto geringer ist die Chance, dass Sie gleich beim ersten Gespräch zum Verkaufsabschluss kommen. Gerade im Investitionsgüterverkauf dauern die Verkaufszyklen teilweise Monate oder sogar Jahre. Aber irgendwann ist immer das erste Mal, dass Sie sich mit einem potenziellen Kunden zusammensetzen.

Für dieses erste Gespräch sollten Sie sich einige Minimalziele setzen. Diese Ziele helfen Ihnen, Ihrem Gespräch einen roten Faden zu geben und etwaige Fallen zu umgehen. Gute Verkäufer nutzen das erste Gespräch, um so viel wie möglich über das Unternehmen des Gesprächspartners herauszufinden.

Das bedeutet vor allem eines: Sie müssen in diesem Gespräch mehr zuhören als selbst reden.

Für viele Verkäufer ist genau das die schwierigste Übung, denn sie sind ja so überzeugt von ihren Produkten und deren Qualität, dass sie häufig übersprudeln vor Enthusiasmus und Präsentationsfreude. Oft ist es aber genau das, was viele Menschen stört, die sich über neue Lösungen informieren möchten.

> **Merke**
>
> Das erste persönliche Gespräch zwischen dem potenziellen Kunden und Ihnen hat vor allem ein Ziel: Ihr Gesprächspartner möchte entscheiden, ob er so viel Vertrauen zu Ihnen und Ihrem Unternehmen hat, dass er Sie um ein konkretes Angebot bittet.

Einige Ziele, die Sie sich für das erste Gespräch vornehmen sollten, können zum Beispiel sein:

- Ich möchte meinen Gesprächspartner besser einzuschätzen lernen.
- Ich möchte verstehen, welche Herausforderungen mein Gesprächspartner in seinem täglichen Leben bewältigen muss.
- Ich möchte herausfinden, was meinem Gesprächspartner wichtig bei der Auswahl bestimmter Lösungen ist.
- Ich möchte erfahren, wie die Entscheidungsprozesse im Unternehmen ablaufen, damit eine Beschaffungsentscheidung gefällt werden kann.
- Ich möchte es schaffen, dass mein Gesprächspartner von der Leistungsfähigkeit meiner Firma überzeugt ist.
- Ich möchte herausfinden, wie sich das Unternehmen meines Gesprächspartners zu seinen Wettbewerbern abgrenzt und was das Unternehmen so besonders macht.
- Ich möchte erreichen, dass ich ein konkretes Angebot ausarbeiten darf, das ich ihm und anderen Vertretern des Unternehmens persönlich präsentieren werde.

In der Regel folgt jedes Erstgespräch einer gewissen Reihenfolge:

- die Begrüßung,
- der Smalltalk,
- die Vorstellung der Unternehmen,
- die „Schmerzpunkte" Ihres Gesprächspartners herausarbeiten,
- die Vereinbarung, einen Lösungsvorschlag auszuarbeiten,
- der Smalltalk,
- die Verabschiedung.

Gehen wir einmal Punkt für Punkt durch, damit Sie eine Vorstellung bekommen, warum dieser Gesprächsaufbau so entstanden ist.

Die Begrüßung

Die ersten Sekunden des Gesprächs sind fast ebenso wichtig wie der komplette weitere Verlauf. Wir Menschen entscheiden binnen Sekunden, ob uns ein Gegenüber sympathisch ist oder nicht. Und Sie als Verkäufer haben in der Regel nur eine einzige Gelegenheit, einen ersten Eindruck zu hinterlassen. Wenn der nicht stimmt, müssen Sie anschließend viel Energie aufwenden, um Ihren Gesprächspartner auch emotional für sich zu gewinnen.

Wie läuft eine Begrüßung am besten ab? Ich möchte Ihnen keine Vorschriften machen, wie Sie sich am besten zu verhalten haben – denn dass Sie freundlich und offen sind, davon gehe ich ohnehin aus. Allerdings mag es Ihnen helfen, wenn Sie über die Psychologie des Erstkontaktes einiges Hintergrundwissen haben, um auch Ihr Gegenüber besser zu verstehen.

Wichtig bei der persönlichen Begrüßung ist die Einhaltung gewisser Spielregeln, wie das Respektieren von Distanzzonen. In der allgemeinen Literatur spricht man von insgesamt vier Distanzzonen, die der Mensch um sich herum einrichtet. Abbildung 17 verdeutlicht, was in welcher Distanzzone möglich ist und wofür sie sich am besten eignet.

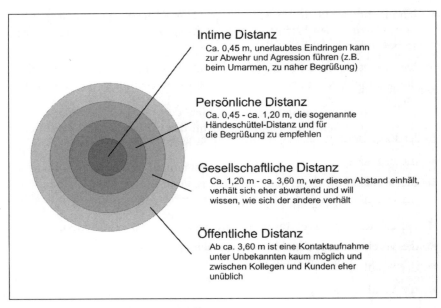

Quelle: Anlehnung an Knox/Marston, 2001
Abbildung 17: Wie Sie sich innerhalb der vier Distanzzonen verhalten können

Wenn Sie unsicher sind, wie Sie sich beim ersten Treffen mit Ihrem Kunden verhalten sollen, entscheiden Sie sich zunächst für die „Gesellschaftliche Distanz" und warten Sie ab, wie Ihr Gegenüber auf Sie zukommt. Ansonsten ist die „Händeschüttel-Distanz", also die persönliche Distanz immer eine gute Wahl.

Testfrage: Wie würden Sie selbst reagieren, wenn Ihr Gegenüber direkt in die Intim-Distanz ginge? Versetzen Sie sich am besten vorher in die Lage Ihres Gegenübers. Dessen (bewusste und unbewusste) Gedanken sind: „Ich kenne den Menschen noch nicht, also erlaube ich auch nicht zu viel Nähe. Mein Vertrauen muss erst wachsen."

Wie gesagt – Sie müssen das Thema nicht überbewerten. Allerdings hilft es immer, sich noch einmal sicher zu sein, dass man sich richtig verhält. Denn auch die nicht ausgesprochenen Dinge spielen im persönlichen Verkauf eine große Rolle.

In den meisten Fällen bauen Ihnen Ihre Gesprächspartner so genannte „Brücken", über die Sie bedenkenlos gehen können. Beispielsweise geht Ihr Gegenüber zur Begrüßung um den Schreibtisch herum und kommt Ihnen entgegen. Damit drückt er aus: „Ich möchte ohne Hindernis und in nicht zu großem Abstand mit Ihnen sprechen. Eine hervorragende Ausgangssituation für Sie! Aber auch das wortlose Anbieten eines Stuhls, während man noch telefoniert, ist eine deutliche Einladung und ein Eisbrecher, den Sie für sich nutzen können.

Smalltalk Nummer 1

Neulich sagte mir ein Seminarteilnehmer, dass er grundsätzlich keinen Smalltalk mit seinen Kunden mache, denn das raube nur Zeit und die sei teuer. Ein Verkaufsgespräch dauere ja so schon lang genug.

Wir haben das zum Anlass genommen und einmal unter allen Seminarteilnehmern eine Umfrage gemacht, wie lang denn die Verkaufsgespräche im Durchschnitt waren. Anschließend konnte unterteilt werden, ob in den Gesprächen auch „Small getalked" wurde oder nicht. Überraschendes Ergebnis: Erstgespräche ohne Smalltalk dauerten in der Regel sogar länger als Erstgespräche mit Smalltalk. Und auch die Quoten konnten sich sehen lassen: Nach Gesprächen ohne Smalltalk wurden 58 Prozent der Verkäufer aufgefordert, ein Angebot zu machen. Nach Gesprächen mit Smalltalk waren es sogar 71 Prozent.

Es besteht also ein deutlicher Zusammenhang zwischen der Kunst, Smalltalk zu halten, und der Fähigkeit, zum Verkaufserfolg zu kommen. Damit ist bewiesen: Wer es versteht, sich auch „offline", also informell mit seinen Gesprächspartnern zu unterhalten, bekommt rascher einen persönlichen Zugang und auch mehr Vertrauen entgegengebracht.

Gerade den Technikern unter den Verkäufern rufe ich zu: *Die Technik, die Sie verkaufen, ist wichtig – und Sie selbst als Person mindestens ebenso!* Denn je vergleichbarer Ihre Produkte und Dienstleistungen sind, desto wichtiger ist die persönliche Ebene, auf der Sie mit Ihren Kunden sprechen können.

Einige Spielregeln gelten allerdings auch für den Smalltalk. Denn auch hier gibt es im Geschäftsleben scharfe Klippen, die Sie als Verkäufer kennen und umschiffen sollten. Dies gilt vor allem dann, wenn Sie Ihren Gesprächspartner noch nicht so gut kennen.

Einige Regeln im Smalltalk des Erstgesprächs:

Was Sie tun dürfen (und sollten)	Was Sie lieber lassen sollten
Über Ihre Anreise reden	Über Staus jammern oder über volle Züge
Über das Wetter reden	Über Wetterkatastrophen reden
Über das Gebäude oder die Anlage Ihres Kunden sprechen	Themen, die unangenehmen Hintergrund haben könnten (zum Beispiel wenn Sie viele leer stehende Räume gesehen haben)
Loben für den freundlichen Empfang beim Pförtner (auch, wenn er nicht ganz so freundlich war)	Unangenehme Erfahrungen mit dem Pförtner ansprechen – irgendwann kommt sicher der richtige Zeitpunkt dafür, aber nicht im Erstgespräch
Bezug auf Hobbies nehmen, die Sie im Büro des Gegenübers erkennen (z. B. Pokale, etc.)	Gleich mit „meine Familie, mein Haus, mein Boot, mein Auto" lospreschen
Versuchen, Gemeinsamkeiten zu entdecken (zum Beispiel Marathon laufen, Segeln, Golf spielen)	Mit eigenen Rekorden in Sportarten prahlen

Sie merken schon: Beim ersten Smalltalk geht es vor allem darum, sich „auf einander einzuschießen". Wir Menschen lernen so den Kommunikationsstil des Gegenübers kennen und uns darauf einzustellen. Ein unbewusstes Bedürfnis, das immer dann besonders ausgeprägt ist, wenn das Gegenüber noch unbekannt ist. Vertrauen Sie Ihren Gesprächspartnern und geben Sie ihnen die Chance, Sie kennen zu lernen, ohne gleich über das Geschäft zu sprechen.

Aber Achtung: Auch und gerade in dieser Phase des Erstgespräches lauern Fallen, in die unerfahrene Verkäufer leicht hineintappen können.

Beispiel

> Ich selbst arbeite viel mit Mitarbeitern aus der Energiewirtschaft zusammen. Eine nach wie vor stark hierarchisch geprägte und von ihrer inneren Einstellung her „120 Prozent"-Branche. Logisch, denn um eine ständige Versorgungssicherheit herzustellen, muss man auch eine „120-Prozent-Denke" mitbringen, um nur ja keine Fehler zu machen. Schließlich ist Strom nicht ganz ungefährlich und die Versorgungssicherheit besonders wichtig.
>
> Bei einem meiner Erstgespräche bei einem Stromkonzern mit dem Direktor für Geschäftskunden wurde mir gleich zu Beginn die Frage gestellt „Waren Sie das mit der schicken S-Klasse eben?". – „Da will wohl jemand wissen, was Du für ein Auto fährst.", dachte ich. Wohl um herauszufinden, ob ich zu seinen Mitarbeitern passe, wenn er sie in ein Seminar schickt.
>
> Dazu müssen Sie wissen: S-Klassen (ich nehme das einmal als Gattungsbegriff für die automobile Luxusklasse) haben in der Energiewirtschaft allenfalls im Vorstand etwas zu suchen. Wenn überhaupt. Ein Dienstleister, der mit einem ähnlichen Fahrzeug kommt, darf dies in der Regel nur, wenn er direkt für den Vorstand arbeitet. Darunter gilt: gehobene Mittelklasse. Höchstens.
>
> Da ich das bereits wusste, fiel die Wahl des Fahrzeugs auch entsprechend aus. Und so konnte ich, ohne lügen zu müssen, sagen: „Nein, leider nicht, aber der Wagen ist mir auch aufgefallen. Sieht schon toll aus, da haben Sie Recht." Damit war das Thema zwar noch nicht vom Tisch (denn eine Antwort auf die nicht gestellte Frage „Was für ein Fahrzeug fahren Sie?" blieb ich schuldig), aber zumindest in diesem Gespräch von der Agenda verschwunden.

Eine andere Falle, die immer wieder gern zu Testzwecken aufgestellt wird, ist „Na, zufrieden mit der letzten Landtagswahl?". Achtung – Gefahr! Politik, Religion und ähnlich polarisierende Themen sind absolute Tabuthemen für den Smalltalk. Die Gefahr, dass Ihr Gesprächspartner nicht Ihre Einstellung zu etwas teilt, ist ungeheuer groß. Häufig ist eine solche Frage auch ein Test, inwieweit Sie sich mit den Kommunikationsspielregeln im Geschäftsleben auskennen. Kennen Sie sich gut aus, haben Sie sich den Respekt verdient, ohne bereits viel geleistet zu haben. Tappen Sie in die Falle, laufen Sie Gefahr, dass Sie künftig mehr „strampeln" müssen, um die Scharte wieder auszuwetzen.

Wir haben zwar alle einmal gelernt, dass man höflicherweise auf Fragen antwortet, die einem gestellt wurden. Allerdings kann man auf solche Fragen auch in einer Art und Weise antworten, die die eigene Meinung ausklammert. Meine Lieblingsantwort auf die Frage nach Wahlergebnissen ist „Ich bin äußerst zufrieden, dass es überhaupt Wahlen gibt!". Mit einem offenen Lächeln ist damit die Klippe umschifft und Nachfragen kommen in der Regel nicht.

Die Vorstellung

Gerade im Erstgespräch – und wenn das Unternehmen, für das Sie arbeiten, noch nicht so bekannt ist – ist wichtig, dass auch auf der sachlichen Ebene Vertrauen aufgebaut wird. Zahlen, Daten und Fakten zu Ihrem Unternehmen können Sie, soweit diese veröffentlicht werden dürfen, hier einbauen. Wir befinden uns also jetzt schon mitten im „Eingemachten" des Erstgesprächs. Langsam wird's ernst.

Was wollen wir mit dieser Phase erreichen? Das primäre Ziel, das wir mit der Unternehmensvorstellung erreichen wollen, heißt „Wir möchten unserem Gegenüber Gelegenheit geben zu entscheiden, ob er der Leistungsfähigkeit unseres Unternehmens (und der von uns selbst) vertrauen kann. Also gibt es einige Stationen, die Sie bei der Vorstellung Ihres Unternehmens unbedingt ansteuern sollten.

Station 1: Verkaufen Sie Ihr Unternehmen

Gerade dann, wenn Ihr Unternehmen nicht zu den bekannten Marken gehört, sollten Sie dies mit aufnehmen. Für Ihren Gesprächspartner ist wichtig zu wissen, wie lange es Ihr Unternehmen schon gibt und auf welchem Spezialgebiet das Unternehmen sich aufgestellt hat. Hier können Sie ruhig darüber sprechen, wie viele Mitarbeiter Ihr Unternehmen hat (vor allem dann, wenn Ihr Unternehmen in den letzten Jahren stetig gewachsen ist). Ob Sie über Umsatzzahlen berichten möchten, überlasse ich Ihnen. In vielen Fällen ist diese Zahl viel zu abstrakt. Wichtiger ist zum Beispiel zu sagen, wie viele Geräte Ihr Unternehmen im Jahr verkauft. Eine Aussage wie „Wir verkaufen im Jahr rund 3.000 Kopiergeräte in Deutschland" hat mehr Aussagekraft als „Unser Unternehmen macht im Jahr 15 Millionen Euro Umsatz.".

> **Tipp**
> Machen Sie Ihr Unternehmen von Beginn an „groß". Und zwar ohne zu prahlen, aber mit möglichst plastischen Zahlen. So vermeiden Sie im weiteren Verlauf die Frage, die Sie möglicherweise unter Stress setzen kann: „Wie viele Geräte verkauft Ihr Unternehmen denn? Ich habe noch nie eines von Ihnen gesehen."

Station 2: Verkaufen Sie sich selbst

Bei aller Technik – das Verkaufen findet immer noch von Mensch zu Mensch statt. Ich empfehle Ihnen, auch nicht mit Informationen über sich selbst hinter dem Berg zu halten. Natürlich müssen Sie hier kein Bewerbungsgespräch führen und Ihren kompletten Lebenslauf kommunizieren. Allerdings hilft es Ihrem Gegenüber immer, Ihren beruflichen Hintergrund einzuschätzen. Selbst dann, wenn auf Ihrer Visitenkarte ein akademischer Grad oder ein „Meister" steht. Ihr Gesprächspartner fasst viel schneller zu Ihnen Vertrauen, wenn Sie ein wenig über sich selbst erzählen.

In der Praxis könnte sich das so anhören „Nach meinem Maschinenbau-Studium habe ich erst einmal bei … in der Produktentwicklung gearbeitet und anschließend das Angebot von … bekommen, im Vertrieb zu arbeiten.". Ihr Ansprechpartner hat damit sofort die Orientierung „O.k., der Mensch hat eine technische Ausbildung, hat selbst Produkte mit entwickelt und wurde sogar gefragt, in den Vertrieb zu gehen".

Station 3: Verkaufen Sie Kompetenzbeweise

Wie gesagt – prahlen müssen Sie nicht. Allerdings ist es eine Vertrauen bildende Maßnahme, wenn Sie von Referenzen sprechen können. Dazu müssen Sie nicht allzu sehr ins Detail gehen, aber wenn Sie den einen oder anderen Firmennamen eines bekannten Kunden nennen können, schafft dies Vertrauen. Am besten suchen Sie sich gleich in der Vorbereitung des Gesprächs einige Namen, vielleicht sogar innerhalb der Branche Ihres Gesprächspartners. So bekommt er auch einen Eindruck davon, dass Sie von seiner Branche etwas verstehen. Und im besten Fall kennt er sogar Ihren Referenzkunden und Sie haben einen weiteren „Beeinflusser" in Ihrem Buying Center identifiziert.

Station 4: Lassen Sie Ihren Gesprächspartner dasselbe tun

Sie werden sehen: Wenn Sie über Ihr Unternehmen, sich selbst und auch über einige Referenzen oder Arbeitsbeispiele gesprochen haben, kommt die „Retourkutsche" fast automatisch. In der Regel gebietet es schon die Höflichkeit, Informationen, die man bekommen hat, auch zurückzugeben. In jedem Fall wird Ihr Gesprächspartner über sein Unternehmen sprechen. Nötigen Sie ihn nicht, auch Informationen zu sich selbst preiszugeben – das wird er zu gegebener Zeit sicher von selbst tun. Es ist wie eine Art Thermometer: Je mehr Ihr Gesprächspartner hier schon erzählt, desto größer ist das Vertrauen in Ihre Person.

Ihr Vorteil bei dieser Vorgehensweise liegt klar auf der Hand: Je mehr Sie an Informationen investieren, desto mehr Informationen werden Sie bekommen, ohne danach fragen zu müssen.

Die „Schmerzpunkte" Ihres Gesprächspartners herausarbeiten

Früher nannte man so etwas „Bedarfsanalyse". Das war zu Zeiten, als Investitionsgüter nahezu keinen Wettbewerb hatten und die Produkte eher „verteilt" als „verkauft" wurden. Heute, im Wettbewerb, ist man längst dazu übergegangen, den Verkauf an den Situationen im Leben unseres Kunden anzuknüpfen, in denen er sich auch wiederfinden kann. Erinnern Sie sich an den Elevator-Pitch und an „Ihr Produkt und seine Positionierung"?

Genau das kommt hier zum Tragen. Auf dem Weg zum Lösungsvertrieb ist es nur logisch, dass Sie in Erfahrung bringen möchten, **was genau** Sie denn lösen möchten.

Die Taktik, die ich Ihnen empfehle, ist diese:

- Lassen Sie Ihren Gesprächspartner über sein Geschäft und seine täglichen Herausforderungen sprechen.
- Fragen Sie nach, wenn Sie einen bestimmten Punkt etwas näher durchleuchten möchten.
- Lassen Sie Ihren Gesprächspartner von selbst auf die Idee kommen, dass er in dem einen oder anderen Punkt eine Verbesserung der aktuellen Situation haben möchte.

Dieses Prinzip ist zentraler Bestandteil des „Consultative Value Selling". Sie möchten ein Beispiel? Bitte sehr:

Beispiel

Sie verkaufen Kopiergeräte und Ihre Positionierung liegt vor allem darin, dass Sie das schnellste Kopiergerät der Welt in dieser Leistungsklasse verkaufen. Der von Ihnen geleistete Nutzen besteht also darin, dass Sie Ihren Kunden durch den Einsatz Ihrer Geräte wertvolle Arbeitszeit sparen. Nun gibt es zwei Varianten, wie Sie Ihr Produkt anbieten können:

Variante 1 (die herkömmliche Variante): „Herr Müller, heutzutage ist doch die Arbeitskraft so teuer geworden. Da würde es Ihnen doch sicher helfen, wenn Sie hier Geld sparen können. Mit unserem Gerät „Superfast-Copy" können Sie das. Ich rechne Ihnen das einmal vor. Nehmen wir an, Ihre Mitarbeiter stehen am Tag rund zwei Stunden am Kopierer. Das können Sie jetzt auf 1 Stunde und 45 Minuten verkürzen und sparen damit mehr als eine Stunde pro Woche. Im Jahr sind das dann schon ..."

Variante 2 (die Variante nach dem „Consultative Value Selling"): „Herr Müller, was kostet eigentlich eine Arbeitsstunde eines Mitarbeiters, der für Ihr Unternehmen Kopien anfertigt?" – „Nun, mit allem drum und dran rund 16 Euro." – „Und wie lange stehen diese Mitarbeiter im Regelfall täglich am Kopierer?" – „Hm, mal überlegen. So zwei bis drei

> Stunden sind das bestimmt." – „Wenn ich Ihnen eine Lösung anbieten würde, die Ihnen allein bei der Arbeitszeit und ansonsten bei mindestens derselben Qualität rund 20 Prozent der Personalkosten einspart – würde Ihnen das helfen?" – „Na ja, sicher würde es das. Vor allem, wenn alle anderen Kosten gleich geblieben oder sogar gesunken sind. Das wäre ein echter Gewinn für mein Budget."

In beiden Varianten sind – technisch gesehen – dieselben Informationen ausgetauscht worden. Allerdings bietet die Variante 2 einige deutliche Vorteile für Sie als Verkäufer:

Vorteile des Consultative Value Selling

Vorteil 1: Sie müssen weniger sprechen.

Vorteil 2: Sie brauchen sich nicht auf Vermutungen zu stützen, sondern können immer authentische Informationen benutzen.

Vorteil 3: Alles, was der Mensch selbst sagt, hat für ihn viel mehr Gewicht, als wenn er es nur von jemand anderem hört. Wenn Ihr Gesprächspartner also selbst alle Informationen gibt und dann noch sagt, eine Einsparung wäre ein echter Gewinn, haben Sie schon fast gewonnen.

Value Selling bedeutet also, den Wertbeitrag zu verkaufen und nicht das Produkt. **Consultative** Value Selling bedeutet darüber hinaus, dass wir dem Kunden beratend die Lösung so verkaufen, dass er sie sich selbst vorschlägt.

Die Vereinbarung, einen Lösungsvorschlag auszuarbeiten

Wie gesagt: Ziel dieses ersten Gespräches ist, ein qualifiziertes Angebot zu verkaufen. Mit Hilfe des „Consultative Value Selling" haben Sie im Grunde schon den Auftrag dafür in der Tasche. Um im beschriebenen Beispiel zu bleiben, heißt dies wörtlich übersetzt: „Bitte machen Sie mir ein Angebot, wie viel ich wirklich mit Ihrer Lösung einsparen kann."

Wenn Sie sich mit Ihren Lösungen im so genannten Produktverkauf bewegen, kann es gut sein, dass Sie nun auch schon, gemeinsam mit dem Kunden, ein qualifiziertes Angebot erstellen. Und verkaufen. Der beschriebene Verkaufszyklus verbietet nicht, direkt ein Angebot zu machen – wenn Sie es denn vor Ort in der vom Kunden erwarteten Qualität leisten können.

Bei komplexeren Lösungen, bei denen Sie auch konzeptionell tätig werden müssen, um das Angebot zu erstellen, bekommen Sie also den Auftrag, sich „ins stille Kämmerlein zurückzuziehen" und nach einigen Tagen oder Wochen ein Angebot zu präsentieren. Glückwunsch! Das war Ihr erster Zwischenabschluss! Ihr Kunde hat Ihnen und der Leistungsfähigkeit Ihres Unternehmens soweit vertraut, dass er Sie mit dem Erstellen eines Angebots beauftragt.

Also vereinbaren wir einen Termin, an dem wir mit einer professionellen Angebotspräsentation wieder beim Kunden sind. Ich habe mir angewöhnt, bei dieser Vereinbarung auch noch zusätzliche Informationen einzuholen.

Natürlich interessiert mich vor allem eines: Wie sieht das Buying Center in diesem Unternehmen aus – und wie kann ich es am besten erschließen? Also stelle ich häufig die Frage: „Wen außer uns beiden sollten wir noch zu diesem Termin einladen, damit wir gleich die richtigen Personen an einem Tisch haben?" Sie werden sich wundern, wie die Gesprächspartner darauf reagieren! Mit dieser Fragestellung habe ich meinem Gesprächspartner eine bequeme Brücke gebaut, wie er ohne Gesichtsverlust zugeben kann, dass er nicht allein entscheidet. In aller Regel wird diese Brücke gern genutzt, und die Antwort heißt „Gut, dass Sie das ansprechen, ich werde versuchen, den …-Leiter und auch die …-Leiterin mit an Bord zu bekommen.".

Noch einmal Glückwunsch! Auf Ihrem **Buying Center Compass** haben Sie nun noch zwei weitere Personen identifiziert – auch wenn Sie noch nicht genau wissen, wie deren Interessenlage und deren Einstellung zu Ihrem Unternehmen ist.

Die größte Hürde ist genommen. Beenden wir also der Vollständigkeit halber unser Erstgespräch mit den beiden letzten Phasen:

Wieder Smalltalk

Jetzt können Sie schon etwas lockerer sein. In vielen Fällen kommt jetzt der Austausch über private Hobbies oder die Familie.

Auch das hat seinen Hintergrund in der Kaufpsychologie. Ihr Gesprächspartner möchte sich unbewusst vergewissern, dass er das Richtige getan hat. Dass seine Entscheidung, Ihnen soweit zu vertrauen, dass Sie mit einem Angebot wiederkommen dürfen, richtig war. Diese Selbstüberprüfung findet am besten auf einem Parkett statt, auf dem man sich sicher fühlt. Ich erlebe häufig, dass jetzt Fragen zu den Dingen kommen, die ich bei der Vorstellung angesprochen, aber noch nicht ausführlich beschrieben habe. Zum Beispiel kommen Fragen nach eventuellen gemeinsamen ehemaligen Arbeitgebern oder auch Fragen zur Hochschule oder Fragen zum persönlichen Lebenslauf. Wenn diese Fragen kommen, bin ich richtig zufrieden. Denn sie zeigen mir, dass mein Gesprächspartner einerseits aufmerksam zugehört hat und andererseits auch Interesse hat.

Glauben Sie mir – das ist nicht selbstverständlich. Es ist mir auch schon passiert, dass ein Gespräch ohne den erwarteten Smalltalk beendet wurde mit einem knappen „Wir sehen uns also in drei Wochen". Und das ohne erkennbaren Termindruck auf Seiten meines Gegenübers. Kein Grund zur

Sorge. Für ihn war also alles Wesentliche getan und der nächste Punkt stand auf der Tagesordnung. Auch solche Verhaltensweisen teilen uns viel über unsere Gesprächspartner mit. Zum Beispiel: „Ich mag effizientes Arbeiten ohne viele Schnörkel". Dann gehen wir also direkt zum letzten Punkt über:

Die Verabschiedung

Anders als die Begrüßung ist die Verabschiedung weniger spannend. Ich habe mir angewöhnt, genau in dieser Phase noch einmal den Termin für die Angebotspräsentation zu wiederholen und auch die Frage nach den weiteren Teilnehmern noch einmal beiläufig zu konkretisieren: „Wenn wir Frau … und Herrn … mit dazu einladen – gibt es Punkte, auf die ich Ihrer Erfahrung nach besonders Wert legen sollte? Dann arbeite ich sie direkt in das Angebot mit ein."

Natürlich erkennen die Gesprächspartner in der Regel den eigentlichen Sinn der Frage. Und trotzdem geben sie meist bereitwillig Auskunft – und zwar aus einem ganz einfachen Grund. Wenn Sie den Buying Center Compass betrachten, wird Ihr Gesprächspartner häufig auch Ihr Sponsor sein. Er hilft Ihnen also, die richtigen Personen im Unternehmen anzusprechen und auch die richtigen Argumente zu bringen. Der Nutzen, den er davon hat: Er muss sich nicht selbst die Arbeit machen, seine Kollegen von einer möglichen Zusammenarbeit mit Ihrem Unternehmen zu überzeugen. Somit schlägt er zwei Fliegen mit einer Klappe: Sie verkaufen für ihn intern weiter, und er kann sich profilieren, weil er Angebote einholt, die nicht nur ihn, sondern auch seine Kollegen stärken.

Phase 4: So erstellen Sie Ihre Angebotspräsentation

Früher sprachen wir häufig von einer „USP", also einer „Unique Selling Proposition". Übersetzt bedeutet das so viel wie „Alleinstellungsmerkmal". Heute, im wertbeitragsbasierenden Verkauf, sprechen wir von der „Unique Value Proposition (UVP)", also dem Wertbeitrag, den nur Sie mit Ihrem Angebot für den potenziellen Kunden erbringen können. Deswegen bin ich dazu übergegangen, die Abkürzung „UVP" mit **„Unvergleichliches Angebot"** zu übersetzen, so ist der Kern der Sache getroffen: Sie bieten etwas an, was jedem Vergleich standhält.

In vielen Dutzend Angebotspräsentationen, die ich in meinem Verkaufsleben durchgeführt habe, habe ich mit der Zeit eine äußerst wirkungsvolle Struktur entwickeln können. Sie folgt dem logischen Spannungsbogen und dem Informationsbedürfnis Ihrer Zuhörer.

Im Kern besteht sie aus logisch auf einander aufbauenden Stufen:
- Das Deckblatt
- Die Vorstellung Ihres Unternehmens
- Ihr Verständnis der aktuellen Situation beim Kunden
- Die Ziele des Kunden
- Ihr Vorschlag, wie mit Ihrer Lösung die Ziele erreicht werden
- Der Wertbeitrag, den Sie liefern
- Die Investition des Kunden
- Der Zeitplan für die Umsetzung
- Die Verabschiedung

Unabhängig davon, wie viele Folien oder Seiten die einzelnen Stufen haben: Es hat sich in vielen Tausend Fällen bewährt, diese Struktur einzusetzen, um mögliche Fallen von vornherein zu vermeiden.

Die folgenden Abbildungen erläutere ich, damit Sie direkt die Hintergrund-Informationen bekommen, **warum** diese Folie **genau hier** platziert ist.

Ihre Firma

Name des Kunden-Unternehmens

Angebot zur Lösung von ...

2. Januar 2008

vorgelegt von: Max Muster

Ich empfehle dringend, bei der Deckblatt-Folie auf den Einbau von Kundenlogos zu verzichten. Viele Unternehmen reagieren darauf geradezu allergisch, besonders Menschen aus dem Marketing. Ein Logo gehört dem Unternehmen und sollte auch nur von dort „gesendet" werden.

Ihre Firma

Unser Unternehmen

- Gründungsjahr
- z.B. Marktführer im Segment xy
- 300 Mitarbeiter
- 40 Mio. EUR Jahresumsatz
- Spezialisiert auf die Lösung von ...
- Referenzen

Wie gesagt: Sie brauchen einen Vertrauensvorschuss, den Sie sich mit der Präsentation Ihres Unternehmens erarbeiten können. Vor allem dann, wenn der Empfänger Ihrer Präsentation diese **ohne Ihr Beisein** intern weiterverkaufen muss.

> **Ihre Firma**
> **Wie wir Ihre Situation verstanden haben**
>
> - Beziehen Sie sich auf das erste Treffen und fassen Sie die wichtigsten Punkte noch einmal zusammen, um die gegenwärtige Situation zu beschreiben
> - Nachdem Sie diesen Punkt präsentiert haben, sollten Sie sich bei Ihren Zuhörern abholen, ob Sie die Situation richtig verstanden haben.
> - Möglicherweise hat sich in der Zwischenzeit etwas ergeben, das wichtig für Sie ist. So erfahren Sie es.

Ihre „Geheimwaffe" für die Angebotspräsentation. Denn hier holen Sie sich den ersten „Zwischenabschluss" auf dem Weg zum Ziel. Wenn Ihre Zuhörer Ihnen an dieser Stelle die Rückmeldung geben, dass Sie die Situation richtig verstanden haben, vermeiden Sie von vornherein, dass Ihnen später gesagt wird „Sie haben uns nicht richtig verstanden, Ihr Angebot passt nicht zu uns." Diese Einwände kommen schon einmal vor, aber es hat einen wunderbaren psychologischen Effekt, wenn Sie Ihrem Gegenüber signalisieren „Ich habe Sie verstanden und ich kann das sogar wiederholen und zusammenfassen." Dem Bedürfnis Ihres Gegenübers nach organisatorischer Geborgenheit tragen Sie hier auf einmalige Weise Rechnung.

> **Ihre Firma**
> **Ihre Ziele**
>
> - Fassen Sie die Ziele Ihres potenziellen Kunden zusammen, die Sie aus dem ersten Treffen mitgenommen haben
> - Wenn möglich, fügen Sie echte Daten ein, wie z.B. „Ihr Unternehmen möchte seine Energiekosten um 10% senken" oder „Ihr Unternehmen möchte die Produktivität in der Backstraße um 15% steigern, ohne die Kosten zu erhöhen"

Ebenso wie das Zusammenfassen der Situation hilft es Ihnen, wenn Sie noch einmal die Ziele Ihres potenziellen Kunden aufzeigen. Der Effekt, den Sie damit erzielen, ist folgender: Sie bauen sozusagen das argumentative Fundament, auf dem Sie anschließend Ihr Angebot aufbauen. Was glauben Sie, welche Wirkung es für Ihren Gesprächspartner hat, wenn er gemeinsam mit Ihnen noch einmal seine (messbaren) Ziele bespricht und auch das Gefühl vermittelt bekommt, dass Sie ihm helfen können, diese auch zu erreichen? Gleichzeitig haben Sie sich selbst diese Ziele noch einmal ins Kurzzeitgedächtnis geholt und können auf dieser Basis argumentieren und präsentieren.

Häufig liegen zwischen dem ersten Gespräch und der Angebotspräsentation einige Wochen Zeit. Daher empfehle ich, dass Sie gleich nach dem ersten Gespräch zumindest die Situation und die Ziele zusammenfassen, weil nun noch alles frisch im Gedächtnis ist. Ein positiver Nebennutzen für Sie ist: Wenn Sie wirklich noch eine Verständnisfrage haben, an die Sie im ersten Gespräch nicht gedacht haben, können Sie diese so früh wie möglich stellen – und nicht erst am Tag vor der Präsentation.

Hier präsentieren Sie nun die eigentliche Lösung. Das, von dem Sie überzeugt sind, dass es Ihrem Kunden helfen wird, seine Ziele zu erreichen. Das kann in einigen Fällen nur eine Seite sein, allerdings sind es bei komplexeren Verkäufen, wie zum Beispiel im Anlagenbau, auch schon einmal einige Dutzend Seiten, die Sie hier einbauen. Inklusive Zeichnungen und anderen Details, von denen Sie der Meinung sind, dass sie mit aufgenommen werden sollten.

Überhaupt gilt: Wichtig ist die Struktur, nicht das Medium. Ich habe diese Folien als Muster in einem Präsentationsprogramm erstellt. Es bleibt allerdings Ihnen überlassen, ob Sie dafür lieber ein Textverarbeitungsprogramm nutzen oder noch etwas anderes.

Wenn Sie in der Lage sind, den (wenn auch nur geschätzten) Wertbeitrag Ihrer Lösung in Zahlen auszudrücken, dann sollten Sie sich diese Chance nicht entgehen lassen. Unabhängig davon, ob Ihr Wettbewerber ebenfalls einen Wertbeitrag anbietet oder nicht, können Sie im Vorteil sein. Falls Ihr Wettbewerb dies nämlich nicht tut, gerät er in Zugzwang und Sie haben einen Wettbewerbsvorteil. Wenn Ihr Wettbewerber dies aber (ohne dass Sie es wissen) mit in seine Angebote einbaut, geraten Sie selbst ins Hintertreffen, denn in aller Regel müssen Sie sich von Ihrem potenziellen Kunden die Frage gefallen lassen: „Welchen Wertbeitrag bringt mir Ihr Angebot?" Sogar dann, wenn der Kunde sich das selbst ausrechnen wird. Mit dieser Stufe in Ihrer UVP signalisieren Sie ganz deutlich: Sie haben Ihren Kunden verstanden und möchten ihm helfen, wirtschaftlich erfolgreicher zu werden.

Jetzt endlich kommt die Antwort auf die Frage „Was kostet uns das?". Mein Tipp: Weisen Sie nicht nur den Anschaffungspreis aus, denn dann steht Ihr Angebot immer im direkten Vergleich zum Anschaffungspreis, den

> **Ihre Investition** — *Ihre Firma*
> - Wenn möglich, fügen Sie hier eine „Total Cost of Ownership", zumindest aber eine Kapitalwertbetrachtung unter gewissen Bedingungen ein
> - Denken Sie an
>   - Anschaffungspreis
>   - Abschreibung
>   - Jährliche Betriebskosten
>   - Jährliche Instandhaltungskosten
>   - Entsorgungskosten
>
> Über z.B. einen Zeitraum von 4 Jahren

der Wettbewerb anbietet. Wenn Sie teurer sind, müssen Sie häufig nachbessern, weil Sie nicht schlüssig argumentieren können, aus welchem Grund Ihr – aus Sicht des Kunden vergleichbares – Produkt teurer sein soll als das des Wettbewerbs. Mit einer Wirtschaftlichkeitsbetrachtung beispielsweise auf den Zeitraum von vier Jahren können Sie sich unter Umständen einen deutlichen Wettbewerbsvorteil herausarbeiten. Wir haben ja bereits im Beispiel in Kapitel 4, Unterkapitel „Das Produkt und sein Preis" herausgefunden, wo Stellschrauben für die Gestaltung eines marktfähigen Preises bei vergleichbaren Produkten existieren können.

> **Nächste Schritte** — *Ihre Firma*
> - Zeigen Sie die nächsten Schritte auf, die Sie gemeinsam mit Ihrem Kunden gehen werden, wenn eine Entscheidung zu Ihren Gunsten getroffen ist
> - Ihr Kunde benötigt das Vertrauen, dass Sie erfahren sind und strukturiert mit ihm zusammen arbeiten

Mit der Erstellung eines Zeitplans entführen Sie Ihren Kunden aus der Frage des „Ob" in die Frage des „Wie" und liefern gleich die Antwort mit. Dies ist wirkungsvolle Taktik, weil der Kunde gemeinsam mit Ihnen über den Einsatz Ihrer Lösung nachdenkt. So denkt er nicht mehr „Soll ich das machen?", sondern „Wie könnte das in unser Unternehmen passen und wie kann ich mir dabei helfen lassen?". Ganz nebenbei schaffen Sie also auch hier die Geborgenheit, die ein Kunde sich vor allem in einer neuen Zusammenarbeit mit Ihnen wünscht. Denn eines liegt auf der Hand: Häufig möchten oder müssen Sie ein bereits vorhandenes Wettbewerbsprodukt mit Ihrer Lösung ersetzen – und ein Wechsel weg von dem einen und hin zu einem anderen Produkt ist schwieriger als der Einkauf „auf der grünen Wiese".

Mit der Abschluss-Seite kommunizieren Sie am besten noch einmal einen „weich verpackten" Schlussappell, Sie persönlich anzurufen oder mit Ihnen in Kontakt zu bleiben. Ich habe die Erfahrung gemacht, dass der Einbau eines (kleinen!) Photos nicht nur gut aussieht, sondern vor allem auch Vertrauen schafft.

Die Pre-Sales-Phasen

Das ist die optivend-Struktur für die Unique Value Proposition. Wir haben diese Struktur über Jahre hinweg immer wieder verbessert und uns dabei auf das Wesentliche konzentriert. Vor allem haben wir viele Gespräche mit echten Kunden unserer Seminarteilnehmer geführt und uns die Rückmeldungen geben lassen, welche Information wann benötigt wird. Und welche Auswirkungen die eine oder andere Stufe hat.

Ich lade Sie herzlich ein, diese Struktur für sich zu nutzen! Und zwar unabhängig davon, ob Sie Ihr Angebot persönlich präsentieren dürfen oder nicht.

Phase 5: Die Präsentation – so begeistern Sie das Buying Center

Als ich noch Außendienstleiter in einem großen Unternehmen war, war eine meiner Lieblingsfragen, wenn ein Angebot verloren ging: „Hast Du das Angebot per Post geschickt oder persönlich präsentiert?" Der Hintergrund meiner Frage war nämlich das Ergebnis einer Analyse, die ich jeden Monat durchgeführt habe: Angebote, die persönlich präsentiert wurden, hatten eine 4 x höhere Erfolgsquote als jene, die „nur" per Post oder per E-Mail verschickt wurden und die im Anschluss am Telefon verteidigt werden mussten.

Sicher – wir haben bereits in den Kunden-Interaktionsmodellen festgestellt, dass es gar nicht immer möglich ist, alle Angebote persönlich zu präsentieren. Vor allem nicht, wenn Ihr Unternehmen auf schlanke Vertriebskanäle (zum Beispiel als Grundversorger oder Paketlieferant) angewiesen ist. Hier ist es häufig Aufgabe des qualifizierten Zwischenhandels, Ihre Funktion zu übernehmen und Angebote zu unterbreiten.

Und doch bleibe ich dabei: Wann immer es der Deckungsbeitrag eines Angebots erhoffen lässt, empfehle ich, dass Sie Ihre Unique Value Proposition persönlich präsentieren. Sie haben ja in der vorherigen Stufe, beim *Erstellen* der UVP, bereits gemerkt, welche positiven Effekte die einzelnen Bausteine haben können. Vor allem deswegen, weil sie einen Dialog zwischen Ihnen und Ihren Zuhörern in Gang setzen.

Persönlich präsentieren

Gehen wir also davon aus, dass sich Ihr Angebot auskömmlich rechnet und dass Sie es auch persönlich präsentieren möchten. Um möglichst nah am Thema zu bleiben, werde ich mich in diesem Abschnitt auf die Präsentation vor maximal fünf bis acht Personen beschränken. In der Regel ist es unwahrscheinlich, dass Sie ein Angebot vor mehr als dieser Personenzahl präsentieren – im Gegenteil: In der Mehrzahl aller Fälle sind es maximal drei Personen, die Ihnen zuhören.

Ein Tipp vorweg: Wenn irgend möglich, sollten Sie versuchen, mit Ihren Zuhörern gemeinsam in eine Präsentation hineinzuschauen. Ich selbst habe mir angewöhnt, die Präsentation zwar am Computer zu erstellen, sie aber nur für den Notfall auch mit Beamer und Laptop zu präsentieren. Das liegt vor allem daran, dass es meiner Erfahrung nach mehr Nähe schafft, gemeinsam am Tisch zu sitzen, als wenn Sie vor der Gruppe stehen und sprechen.

Bei weniger erfahrenen Verkäufern fördert das Stehen vor der Gruppe den Monolog. In einer Angebotspräsentation ist aber wichtig, dass Sie den **Dialog** forcieren, wie ich es im vorangegangenen Abschnitt beschrieben habe.

Besonders bewährt hat sich folgende Vorgehensweise: Halten Sie für jeden Zuhörer ein eigenes Exemplar Ihrer Unique Value Proposition bereit – und zwar ohne den Teil „Investitionen". Denn in der Regel neigen einzelne Personen in der Gruppe immer dazu, von hinten nach vorn zu lesen. Das kann Ihnen als Verkäufer natürlich den kompletten Spannungsbogen zerstören, den Sie mit Ihrer Unique Value Proposition aufgebaut haben.

Taktisch betrachtet ist dies die größte Hürde, die im Leben eines Verkäufers vorkommen kann, denn so muss er den Preis verteidigen und hat keine reelle Chance mehr, sein Publikum zunächst von der Leistung zu überzeugen. Was Sie als Verkäufer benötigen, ist ein Spannungsbogen. Ihre Zuhörer sollen so von Ihrer Lösung überzeugt sein, dass sie von selbst nach dem Preis bzw. nach der nötigen Investition fragen.

Ich erlebe immer wieder, dass Besucher auf Messen an den Stand kommen mit der Frage „Was kostet diese Anlage?". Wenn sie jetzt einen Preis hören, wird der in aller Regel immer zu hoch ausfallen – weil mit dem nackten Preis noch kein einziger Wertbeitrag verknüpft werden konnte.

Die sofortige Antwort auf die Frage nach dem Preis ist von der Logik her nur dann möglich (und erlaubt), wenn Sie Ihr Produkt nicht erklären müssen. Allerdings stelle ich gerade bei Investitionsgütern in solchen Fällen immer die Frage, wofür man dann Vertriebsmitarbeiter benötigt ...

> **Merke**
> Es ist unlogisch, den Preis für eine Leistung zu nennen, die der Kunde noch gar nicht in vollem Umfang kennen gelernt hat. So wird der Kunde nämlich niemals einschätzen können, ob die Leistung ihren Preis wert ist. Und Sie sind obendrein in der Defensive. Also: Nerven bewahren und immer erst die Leistung vorstellen!

Verzicht auf unnötige Technik

Zurück zu Ihrer Angebotspräsentation. Ich empfehle in der Regel, die Unique Value Proposition-Präsentation in einen sogenannten „Flip-Over" zu sortieren, den Sie zum gemeinsamen Hineinschauen auf den Tisch stellen können. Bis zu drei Zuhörer können Sie so hervorragend „einfangen", und Sie können sie gleichzeitig strukturiert und Seite für Seite durch Ihr Angebot führen. Der weitere Vorteil ist, dass Sie rasch hin- und herspringen können, wenn es notwendig ist, ohne dass Sie sich auf den elektronischen Presenter oder anderes konzentrieren müssen.

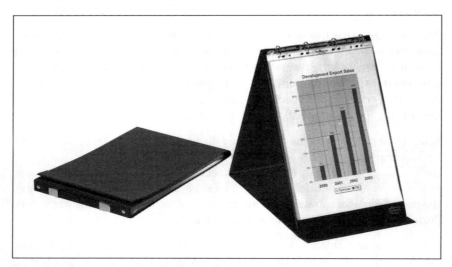

Quelle: Mit freundlicher Genehmigung von Durable, Iserlohn
Abbildung 18: Ein handelsübliches Flip-Over

Konventionelle Medien helfen häufig allein deswegen, weil deren Bedienung unbewusst abläuft und wir den Kopf frei haben für den Dialog mit unseren Zuhörern. Denn: Je mehr wir uns darauf konzentrieren müssen, ob oder wie die Technik funktioniert, desto weniger Kapazitäten haben wir für unsere Zuhörer und deren Fragen frei. Die Folge: Der Verkäufer läuft Gefahr, vom gewünschten Dialog in den Monolog zu verfallen.

> **Tipp**
> Wenn Sie Ihre Unique Value Proposition in einem Flip-Over-Ordner präsentieren, haben Sie zwei wesentliche Vorteile: Zum einen können Sie mit einem Stift in der Hand auf wichtige Punkte hinweisen und alle Zuhörer folgen Ihnen. Außerdem kann Ihnen (wie bei moderner Technik) nichts kaputtgehen, wie beispielsweise eine Beamerlampe oder ähnliches.

Wir sprechen hier ja von einer kleinen Gruppe bis circa fünf Personen und nicht von einem großen Publikum.

Es gibt dutzende Fachbücher am Markt, wie eine Präsentation gehalten wird – und darüber hinaus unzählige Seminare. Aus diesem Grund werde ich mich hier darauf konzentrieren, wie Sie Ihre Unique Value Proposition gut verkaufen können. So erhalten Sie eine Orientierung darüber, was Ihnen in jeder Angebotspräsentation helfen wird.

Beginnen wir mit der Vorbereitung. Es wird Ihnen helfen, wenn Sie schon vor der Angebotspräsentation wissen, wer mit in der Runde der Zuhörer sitzt. Sie haben bereits in „Phase 3: Das erste Treffen: Was können wir vom Kunden lernen?" festgestellt, dass es durchaus hilfreich ist, schon im Vorfeld dafür zu sorgen, die richtigen Ansprechpartner zu kennen.

Vorbereitung und Durchführung

Wenn Sie dies geschafft haben, können Sie sich ganz darauf konzentrieren, welche Interessenlage die einzelnen Personen in Bezug auf Ihre Leistung haben könnten.

Beginnen wir also mit der Präsentation. Da Sie eine gut strukturierte Unique Value Proposition erarbeitet haben, besitzen Sie damit auch gleich die Kern-Struktur für Ihr Präsentations-Meeting mit Ihrem Kunden. Die Überschriften in der UVP sind also Ihr roter Faden. So können Sie, auch wenn Sie einmal mittendrin eine Diskussion moderieren müssen, wieder zum Ausgangspunkt der Diskussion zurückkommen.

Wenn Sie die folgenden Punkte beachten, sollte Ihre Angebotspräsentation ein voller Erfolg werden:

- Versuchen Sie, die Namen der Teilnehmer und deren Funktion im Unternehmen so früh wie möglich zu bekommen. So können Sie auch innerhalb Ihrer Unique Value Proposition die entsprechenden Vorteile auf der Basis der jeweiligen Interessenlagen einarbeiten.
- Fragen Sie den „Initiator" des Gesprächs am besten danach, welche Argumente die einzelnen Anwesenden in der Regel benötigen. Auch wenn Ihr Gesprächspartner Ihr Angebot noch nicht kennt, wird er Ihnen in der Regel gern Auskunft geben, damit Sie ihn bei dem „internen Verkauf" unterstützen können.
- Drucken Sie für jeden der Teilnehmer ein persönliches Exemplar aus. Je komplexer die Lösung ist, die Sie anbieten werden, desto eher empfehle ich, die Investitionssummen aus den „Präsentations-Handouts" für die Teilnehmer herauszulassen. Sie können dies immer noch nachliefern, wenn Sie sich bei Ihren Zuhörern abgeholt haben „Ja, das könnte etwas für uns sein, das könnte uns helfen." In aller Regel kommt dann nämlich auch die Frage „Was kostet das denn?" Ich wiederhole noch einmal: Es ist unlogisch, dass jemand nach dem Preis fragt, wenn er nicht der Meinung ist, dass ihm eine bestimmte Lösung oder Leistung helfen könnte. Insofern ist die frühzeitige Frage nach dem Preis häufig ein taktisches Spiel, um Sie als Verkäufer zu verunsichern.
- Bereiten Sie Ihr eigenes Exemplar entweder auf dem Flip-Over oder einem eigenen ausgedruckten Handout oder auf Ihrem Laptop so vor, dass Sie es ohne große Umstände und technischen Aufwand präsentieren können.
- Seien Sie einige Minuten vor der Präsentation vor Ort. Vor allem dann, wenn Sie erst noch Laptop und Beamer aufbauen müssen.
- Vermeiden Sie Kaffee – das Herzklopfen kommt in der Regel von allein. Wasser ist aus meiner Sicht das Mittel der Wahl, damit Sie zwischendurch auch einmal einen „Schluck zum Gedankensammeln" nehmen können.
- Führen Sie vor der Präsentation am besten kleine Smalltalk-Gespräche mit den Teilnehmern – vorausgesetzt, diese sind bereits da und Sie haben schon alles vorbereitet.
- Wenn Teilnehmer anwesend sind, die Sie noch nicht kennen, empfehle ich eine kurze Vorstellungsrunde. Diese können Sie etwa mit den Worten einleiten: „Ich stelle mich Ihnen allen kurz vor, damit Sie wissen, wer ich bin. Anschließend bitte ich Sie um eine kurze Vorstellungsrunde, damit ich mich besser auf Sie einstellen kann und Sie auch persönlich anspre-

chen kann. Einverstanden?" Ich habe noch nie erlebt, dass jemand mit diesem Vorschlag nicht einverstanden gewesen ist.

- Beginnen Sie Ihre Präsentation, indem Sie allen herzlich danken, dass sie Sie heute eingeladen haben.
- Geben Sie den Teilnehmern eine Orientierung, wie lange die eigentliche Präsentation dauern wird.
- Sollten Sie Fragen zulassen? Ich empfehle, dass Sie eine Spielregel vereinbaren, die folgendermaßen lautet: „Verständnisfragen bitte ich Sie sofort zu stellen. Für alle inhaltlichen Fragen schlage ich vor, dass wir uns nach der Präsentation noch etwas Zeit nehmen, um auch diese Punkte zu klären. Ist das für Sie in Ordnung?" Auch mit dieser Spielregel habe ich in den allermeisten Fällen hervorragende Erfahrungen gemacht. Ihr Vorteil dabei ist: Sie selbst können den Ablauf der Präsentation so viel besser steuern. Denn: Wer fragt, der führt – und gibt so die Richtung vor. Und in diesem Fall sollten das Sie selbst sein.

Jetzt können Sie – ganz entspannt – Ihre Unique Value Proposition präsentieren, denn Sie haben das Heft in der Hand.

> **Tipp**
> Stellen Sie Ihren Zuhörern auch während der Präsentation Orientierungsfragen. So sind Sie immer sicher, dass Sie auf dem richtigen Weg sind.

Orientierungsfragen als Zwischenabschlüsse

Als Verkäufer sind Sie jemand, der mit einem gewissen Selbstbewusstsein unterwegs ist – und das ist auch gut so. Und doch lerne ich immer wieder Verkäufer kennen, die vor einer Angebotspräsentation richtig Lampenfieber haben. Auch das ist gut so! Denn so schütten Sie ausreichend positive Stresshormone aus und sind hochkonzentriert.

Geschulte Gesprächspartner erkennen allerdings nicht nur an Ihrem Auftreten und Ihrer Körpersprache, ob Sie sich sicher fühlen oder nicht. Und in der Regel erkennen Gesprächspartner auch die Stellen in Ihrer Angebotspräsentation, in denen Sie sich unsicher fühlen. Meistens ist das die Seite mit dem Preis, denn viele Verkäufer von Investitionsgütern sind zwar hundertprozentig von der Leistung ihres Produktes überzeugt, aber beim Preis werden sie dann unsicher. Lassen Sie sich davon nicht beirren! Sie kennen den Wertbeitrag, den Ihr Angebot für den Kunden mitbringt – wenn auch nicht immer auf Heller und Pfennig, aber doch mit einem robusten Trend. Also gibt es keinen Grund, warum Sie beim Preis nervös werden müssten.

Dass Sie trotzdem nervös werden, liegt an einem ganz einfachen Phänomen. Mit der Nennung des Preises machen Sie Ihr Angebot, das Sie bislang als unvergleichlich angesehen haben, plötzlich vermeintlich vergleichbar. Denn eine Zahl kann rascher mit einer anderen Zahl verglichen werden als etwas Abstraktes.

Für diese Situation habe ich einen oft erprobten und in der Praxis erfolgreich eingesetzten Tipp für Sie: Stellen Sie während der Präsentation Fragen, die Ihnen immer Orientierung liefern, ob Sie auf dem richtigen Weg sind. Am einfachsten ist es, wenn Sie sich gedanklich einen „Anker" am Ende jeder Stufe Ihrer Unique Value Proposition machen, der Sie daran erinnert: Jetzt kann ich mir abholen, ob ich auf dem richtigen Weg bin.

Die wesentlichen Orientierungsfragen habe ich hier für Sie einmal zusammengefasst. Das Stellen dieser Orientierungsfragen ist eine reine Nervensache, weil es zunächst ungewohnt ist. Nach dem ersten „Ja" werden Sie sich allerdings viel sicherer fühlen – vor allem dann, wenn Sie noch nicht alle Zuhörer kennen. Und wenn Sie ein „Nein" als Antwort bekommen? Umso besser! Denn jetzt haben Sie die einmalige Gelegenheit, noch einmal alles richtig zu stellen und sogar zusätzliche Informationen zu bekommen.

Stellen Sie sich einmal vor, Sie haben auf die letzte der oben beschriebenen Fragen ein „Ja" zur Antwort bekommen. Was würde diese Antwort in Ih-

Stufe	Passende Orientierungsfrage als Zwischenabschluss, *bevor* Sie zur nächsten Seite übergehen
Deckblatt	„Sind Sie einverstanden, wenn ich Ihnen Verständnisfragen sofort beantworte und wir alle inhaltlichen Fragen gemeinsam nach der Präsentation klären?"
Darstellung der Ist-Situation	„Habe ich die Situation so richtig verstanden?" Wenn ja, stärkt das Ihre Position. Wenn nicht, haben Sie jetzt noch Gelegenheit, zusätzliche Informationen zu bekommen, damit Sie im Anschluss keine Überraschungen erleben.
Darstellung der Ziele	„Habe ich Ihre Ziele so richtig verstanden/interpretiert?" oder auch „Kommen aus heutiger Sicht noch weitere Ziele hinzu, an die wir denken sollten?"
Ihr Lösungsvorschlag	„Unabhängig vom Preis, über den wir ja noch nicht gesprochen haben: Würde Ihnen solch eine Lösung helfen, Ihre Ziele zu erreichen?"

Abbildung 19: Zwischenabschlüsse bei der Präsentation der UVP

nen auslösen? Sie wissen noch nicht, wie Ihre Zuhörer auf den Preis reagieren werden. In einem Punkt aber können Sie sicher sein: Die Lösung hat bereits überzeugt, und die brauchen Sie nicht mehr zu verteidigen. Alles, was Ihnen jetzt noch „entgegenkommen" kann, ist die Verhandlung über Preise und Konditionen. Und auch dann können Sie immer im Hinterkopf behalten „Mein Gesprächspartner möchte mein Produkt haben – und es gibt nur noch den Preis, über den wir sprechen müssen." Gut, dass Sie dafür nun den Kopf frei haben!

Beispiel

Ich selbst habe die Orientierungsfrage einmal nach der Präsentation der Lösung mit „Nein" beantwortet bekommen – zumindest von einem der Gesprächsteilnehmer. Meine Antwort hierauf war: „Gut, dann werde ich Ihnen jetzt auch nicht präsentieren, was diese Lösung gekostet hätte. Denn wenn Sie nicht überzeugt sind, dass Ihnen diese Lösung helfen kann, brauchen Sie ja auch keinen Preis." Damit nahm ich wieder Platz, griff zu meinem Glas und trank einen Schluck Wasser.

Was glauben Sie, was passiert ist? Außer mir waren vier Personen anwesend – und drei Personen in der Runde hatten meine letzte Frage mit „Ja" beantwortet. Diese drei übernahmen jetzt, ohne dass ich dies provoziert hätte, die Rolle des internen Verkäufers und überzeugten den Skeptiker in der Runde davon, dass die präsentierte Lösung genau das Richtige sei, weil sich deren Abteilungen dieses und jenes davon erwarteten.

Allerdings wollte ich den Skeptiker in der Runde nicht sein Gesicht vor mir verlieren lassen. Also sah ich es als meine Aufgabe an, die Frage zu stellen: „Welche Lösung hätten Sie erwartet, damit Sie meine Frage mit ‚Ja' beantwortet hätten?" Das war für ihn die Steilvorlage, offen für eine Lösung eines meiner Wettbewerber zu schwärmen. Meine drei „Anhänger" in diesem Meeting schafften es allerdings, die unterschiedlichen Wertbeiträge noch einmal zu argumentieren. Ich sollte also meine Präsentation fortsetzen und auch den Preis kommunizieren. Mein letzter Zwischenabschluss war erobert.

> **Tipp**
> Je mehr Zwischenabschlüsse Sie sich erobert haben, desto mehr können Sie den Kopf frei haben für die anschließende Diskussion über Leistung und Investition.

In der Regel ist es üblich, dass Ihre Präsentation, nachdem Sie sie vorgestellt haben, diskutiert wird. Das ist gut so, denn nun haben Sie die Gelegenheit, Ihr Produkt zum zweiten Mal zu verkaufen. Und zwar eher passiv, indem

Sie alle offen gebliebenen Fragen beantworten und die passenden Antworten liefern.

Ende der Präsentation

Wie sollte dieser Termin am besten beendet werden? Vereinbaren Sie mit Ihren Gesprächspartnern,
- bis wann eine Entscheidung getroffen werden soll (häufig gibt es eine separate Verhandlungsrunde),
- dass Sie zur Unterstützung während des Entscheidungsprozesses immer gern zur Verfügung stehen, um offene Fragen zu beantworten,
- wer Ihr Hauptansprechpartner für diese Phase ist (in der Regel ist das der Initiator des Gesprächs, aber auch das sollten Sie fixieren, denn das stärkt auch dessen Position),
- wer wen zum vereinbarten Zeitpunkt anruft.

Phase 6: So steuern Sie die Entscheidung

Das Angebot ist präsentiert und Sie haben mit Ihren Gesprächspartnern vereinbart, wie die nächsten Schritte aussehen und bis wann eine Entscheidung gefällt werden wird. Also sollte ja jetzt alles gut gehen, oder?

Im Normalfall befinden Sie sich mit Ihrem Angebot allerdings im Wettbewerb zu anderen Angeboten und zu anderen Verkäufern. Und in der Regel wird ein Angebot nicht von heute auf morgen angenommen oder abgelehnt. Es gibt immer einen Zeitraum, den ein Unternehmen benötigt, um sich endgültig zu entscheiden. Das hängt einerseits von der Investitionshöhe ab und andererseits von der Komplexität der angebotenen Leistung – und deren Auswirkungen auf die Organisation des Unternehmens.

Was können Sie tun, damit Sie einerseits den Entscheidungsprozess zwar begleiten und andererseits nicht Gefahr laufen, Ihren potenziellen Kunden „auf den Wecker zu fallen"? Hier einige Tipps:

- Informieren Sie Ihre Gesprächspartner immer dann, wenn es etwas Neues zu berichten gibt, das Ihr Unternehmen in ein gutes Licht stellt.
- Das kann zum Beispiel sein:
  - Neue Referenzkunden
  - Aktuelle Testberichte
  - Neue Studien, in denen Ihr Produkt gut abschneidet
  - Einladungen zu Kongressen oder Vorträgen mit eindeutigem Businesscharakter
  - Einladungen zu Firmenveranstaltungen, bei denen auch andere Ihrer Kunden anwesend sind.

So lernen Ihre Gesprächspartner, dass sie Ihnen wichtig sind. Gleichzeitig erreichen Sie den positiven Effekt, dass Ihre Gesprächspartner an die Zusammenarbeit mit Ihnen „gewöhnt" werden. Das ist ein unschätzbarer Vorteil auf dem Weg zum Auftrag.

Häufig werden in dieser Phase auch noch weitere Tests Ihres Produkts vom potenziellen Kunden durchgeführt, vor allem dann, wenn es sich um die Beschaffung von vielen Geräten desselben Typs handelt. Eine Bäckereikette zum Beispiel, die ihre Läden mit neuen Backöfen ausstatten möchte, wird einige Geräte zum Testen anfordern – und zwar auch die Ihrer Wettbewerber.

Unabhängig von der Qualität der Produkte, die damit hergestellt werden, ist vor allem wichtig, dass der potenzielle Kunde merkt: Mit Ihnen kann man gut zusammenarbeiten. Und zwar nicht nur dann, wenn alles reibungslos läuft, sondern vor allem dann, wenn mal eine Panne passiert.

Phase 7: Die Abschlussverhandlung

Bis hierhin haben Sie schon eine ganze Menge geschafft. Sie haben Ihren Kunden ergründet, den Buying Center Compass laufend aktualisiert, Ihr Angebot erfolgreich präsentiert und auch den entsprechenden Wertbeitrag vermitteln können. Und auch die Phase der Entscheidungssteuerung haben Sie gemeistert. All das war wichtig und notwendig, um auch am letzten, dem wesentlichen Punkt des Verkaufszyklus anzukommen: der Abschlussverhandlung.

Natürlich wünsche ich Ihnen, dass Ihr potenzieller Kunde so überzeugt von Ihrem Angebot ist und dass Ihre angebotene Lösung so unvergleichlich ist, dass eine abschließende Verhandlung nicht mehr nötig wird und Ihr Kunde von sich aus zum Füllfederhalter greift, um den Auftrag zu unterschreiben. Aber: Das sind leider die Ausnahmen im Verkäuferleben. Die Wirklichkeit sieht im Allgemeinen so aus, dass immer eine Verhandlung notwendig ist.

Sie halten das für eine schlechte Nachricht? Ich nicht. Im Gegenteil: Würde ein potenzieller Kunde Sie einladen, die Abschlussverhandlung durchzuführen, wenn er nicht grundsätzlich bei Ihnen kaufen möchte? Wer sich nicht vorstellen kann (oder möchte), Ihre Lösungen in seinem Unternehmen einzusetzen, der wird Sie auch nicht zum Verhandeln auffordern.

> **Merke**
> Abschlussverhandlungen sind ein gutes Zeichen. Sie bedeuten nämlich, dass Sie bis hierhin alles richtig gemacht haben und dass auch Ihr Angebot attraktiv genug ist, um Sie zur Verhandlung einzuladen.

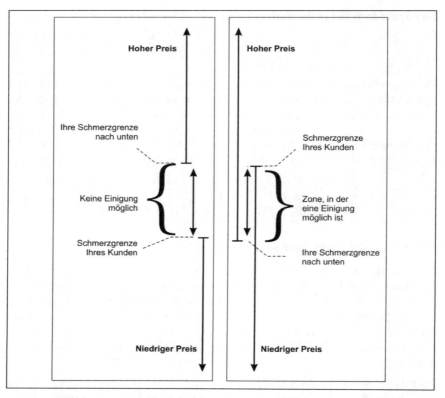

Abbildung 20: Wenn sich die jeweiligen Schmerzgrenzen überschneiden, lohnt es sich, zu verhandeln

Voraussetzung ist natürlich immer, dass Sie und Ihr Verhandlungspartner eine Möglichkeit sehen, dass Sie sich einigen werden. Denn es gibt auch Verhandlungen, die gescheitert sind. Einfach deshalb, weil die jeweiligen Schmerzgrenzen der Verhandlungspartner zu weit von einander entfernt waren.

Für Sie im Verkaufszyklus hat dies allerdings eher einen theoretischen Wert – denn schließlich wurden Sie auf der Basis Ihres ersten Angebots zur Verhandlung eingeladen. Sie können also davon ausgehen, dass Ihr Verhandlungspartner eine theoretische Möglichkeit sieht, dass Sie sich handelseinig werden. Ansonsten hätte er Ihnen gleich gesagt: „Es tut mir Leid, aber bei diesem Angebot brauchen wir nicht einmal zu verhandeln." Gehen Sie also davon aus: Wenn Sie sich gut auf Ihre Verhandlung vorbereiten und Ihr Angebot bis hierhin wettbewerbsfähig war, kommen Sie mit einem Auftrag nach Hause.

Das Spannungsfeld in der Verhandlung

Vereinfacht ausgedrückt ist Verhandeln der Austausch von Wert und Gegenwert, um am Schluss eine für beide Seiten annehmbare Lösung zu erzielen. Damit ist auch schon eine wesentliche Grundanforderung erfüllt, ohne die eine Verhandlung unnötig bzw. unsinnig wäre: Ohne messbares Ziel keine Verhandlung! Wer ohne Ziel in eine Verhandlung geht, braucht dort gar nicht erst anzutreten.

Als Verkäufer bewegen wir uns immer in einem gewissen Spannungsfeld: Einerseits wollen wir unbedingt den Vertragsabschluss erreichen, andererseits wollen wir aber auch unsere kaufmännischen Ziele so weit wie möglich durchsetzen. Wenn wir uns jetzt noch vergegenwärtigen, dass wir als Verkäufer ja auch immer die Umsatzziele vorgehalten bekommen, die wir erreichen müssen, dann kann dieses Spannungsfeld ganz rasch in Richtung „Wille zur

Quelle: In Anlehnung an Kellner, 1999, S. 12
Abbildung 21: Spannungsfeld in einer Verhandlung

Einigung" umschwenken. Abbildung 21 zeigt deutlich, welche möglichen Ergebnisse das Spannungsfeld einer Verhandlung hervorbringen kann.

Je erpressbarer Verkäufer sind, desto intensiver handeln sie nach dem Grundsatz „Hauptsache Einigung, Gewinn ist zweitrangig". Liebe Verkäufer, ich möchte Ihnen Mut machen, in dieser Phase alles zu geben, was nur irgend möglich ist! Ihr Gegenüber wird dies nämlich auch tun! Nicht ohne Grund sind Sie schon so weit gekommen und haben die ersten sechs Phasen Ihres Verkaufszyklus erfolgreich abgeschlossen. Was passiert, wenn Sie jetzt die Preise senken? Haben Sie schon einmal ausgerechnet, wie viel zusätzlichen Umsatz Sie in Ihrem Unternehmen machen müssen, um zum Beispiel eine Preissenkung um nur fünf Prozent wieder aufzufangen?

In Abbildung 22 erkennen Sie, um wie viel Prozent Sie Ihren Umsatz **steigern** müssen, um denselben absoluten Gewinn zu erzielen:

Preissenkung um	Derzeitiger Bruttogewinn Ihres Unternehmens				
	5 Prozent Bruttogewinn	10 Prozent Bruttogewinn	15 Prozent Bruttogewinn	20 Prozent Bruttogewinn	25 Prozent Bruttogewinn
2 Prozent	66,6	25	15,4	11,1	8,7
4 Prozent	400	66,6	36,4	25	19
5 Prozent	Unmöglich aufzufangen	100	50	33,3	25
6 Prozent	Unmöglich aufzufangen	150	66,7	42,9	31,6
8 Prozent	Unmöglich aufzufangen	400	114,3	66,7	47,1
10 Prozent	Unmöglich aufzufangen	Unmöglich aufzufangen	200	100	66,7
15 Prozent	Unmöglich aufzufangen	Unmöglich aufzufangen	Unmöglich aufzufangen	300	150
20 Prozent	Unmöglich aufzufangen	Unmöglich aufzufangen	Unmöglich aufzufangen	Unmöglich aufzufangen	400
25 Prozent	Unmöglich aufzufangen	Unmöglich aufzufangen	Unmöglich aufzufangen	Unmöglich aufzufangen	Unmöglich aufzufangen

Abbildung 22: Notwendige Umsatzsteigerung in Prozent bei Preissenkungen

> **Merke**
> Wenn Sie Ihre Preise senken, verschenken Sie einen großen Anteil vom Gewinn.

Denken Sie daran: Ihr Unternehmen existiert nicht, um Umsatz zu machen – Ihr Unternehmen möchte Gewinn machen! Und genau das gehört zu Ihren Aufgaben als Verkäufer. Ihr Ziel für die Abschlussverhandlung kann also nicht heißen „Hauptsache Umsatz". Das Ziel für Ihre Verhandlung muss daher heißen: „Ich möchte eine Einigung erzielen, ohne dafür wesentliche Preisnachlässe gewähren zu müssen."

Die Vorbereitung Ihrer Verhandlung

Wenn Sie die abschließende Verhandlung vorbereiten, empfehle ich Ihnen, strukturiert anhand einer Checkliste zu arbeiten und die folgenden Fragen zu beantworten:

Fragen, die Sie selbst betreffen	Fragen, die Ihren Verhandlungspartner betreffen
Wie soll mein Wunschergebnis aussehen – was sind meine Maximalziele?	Was könnten die Maximalziele des Verhandlungspartners sein?
Wo ziehe ich meine unterste Grenze?	Inwieweit kann ich meine Maximalziele erreichen?
Worauf kann ich verzichten, ohne dass es schmerzt?	Worauf könnte der Verhandlungspartner verzichten, ohne dass es ihm wehtut?
Wo liegen meine Stärken – und wo meine Schwächen?	Wie sehen die Schwächen und Stärken des Verhandlungspartners aus?
Wie stark ist die Position meines Angebots im Vergleich zum Wettbewerb?	Wie viel Macht hat der Verhandlungspartner im Vergleich zu mir?
Was würde passieren, wenn ich den Auftrag nicht erhalte?	Was würde es den Verhandlungspartner / dessen Unternehmen kosten, wenn er mein Angebot nicht annimmt?
Womit könnte ich noch leben?	Womit könnte die Gegenpartei leben?

Abbildung 23: Fragen zur Vorbereitung der Verhandlung

Natürlich können Sie die Antworten in Bezug auf Ihren Verhandlungspartner häufig nur vermuten. Umso wichtiger ist es, dass Sie in den vorherigen Phasen des Verkaufszyklus eine hervorragende Arbeit geleistet haben. Denn dann können Sie halbwegs realistisch einschätzen, wie die Position Ihres Verhandlungspartners sein wird. Wenn Sie diese Fragen offen und ehrlich für sich beantwortet haben, sind Sie auch in der Lage, Ihr gewünschtes Verhandlungsergebnis schriftlich zu fixieren. Ich empfehle das schriftliche Fixieren deswegen, weil Sie ihm so einen weitaus verbindlicheren Charakter geben.

> **Merke**
> Fixieren Sie Ihre Ziele schriftlich. Ohne schriftlich fixierte Verhandlungsziele haben Sie nur geringe Chancen, überhaupt ein Ziel systematisch und beharrlich zu verfolgen.

Häufig empfiehlt es sich, für die Formulierung der Ziele das Angebot in seine Einzelbestandteile zu zerlegen. Nehmen wir einmal an, dass die von Ihnen angebotene Lösung aus mehreren Bausteinen besteht. In der Regel liegt jedem Baustein eine unterschiedliche Kalkulation zugrunde. Es wird Ihnen also helfen, für jeden einzelnen Baustein (Faktor) einen gewissen (Ver-)Handlungs-Spielraum festzulegen.

Abbildung 24 zeigt deutlich, dass bei jedem der Bausteine unterschiedliche Spielräume zur Verfügung stehen. Gleichzeitig können Sie abschätzen, ob

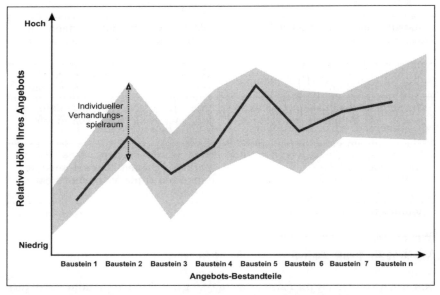

Abbildung 24: Jeder Baustein Ihres Angebots hat einen eigenen Korridor

der Preis für den jeweiligen Baustein im Vergleich eher hoch oder eher niedrig ist. Wenn Sie gleichzeitig für jeden angebotenen Angebotsbaustein einen entsprechenden Verhandlungskorridor definieren, innerhalb dessen Sie Ihre Verhandlung führen, dann haben Sie eine ziemlich realistische Einschätzung Ihrer Verhandlungsmasse.

Je mehr Punkte Sie haben, über die Sie verhandeln können, desto weniger besteht die Gefahr, dass Sie die Verhandlung mit „heruntergelassenen Hosen" wieder verlassen müssen und immer nur Zugeständnisse gemacht haben. In der Praxis kann es sogar so ablaufen, dass Sie, obwohl Sie einen Baustein zu einem bestimmten Betrag angeboten haben, innerhalb dieser Verhandlung den Preis dafür erhöhen müssen, weil Sie bei einem anderen Baustein zu viele Zugeständnisse haben machen müssen.

Grundregel des Verhandelns

Daraus folgt die Grundregel des Verhandelns, die ich gern mit Ihnen vereinbaren möchte und die ich in meinen Seminaren als zentrale Botschaft vermittle.

> **Grundregel des Verhandelns**
>
> Wann immer Sie in einem Punkt Zugeständnisse machen müssen, verlangen Sie **in jedem Fall** einen wie auch immer gearteten Ausgleich dafür. Und wenn es nur ein symbolischer Ausgleich ist, wenn Sie besonders unter Abschlussdruck stehen. Wenn Sie so vorgehen und dies höflich aber mit Nachdruck umsetzen, gewinnen Sie auch den Respekt Ihrer Verhandlungspartner.

Schließlich kommen Sie nicht als Bittsteller zu Ihren potenziellen Kunden, sondern als jemand, der seinen Kunden helfen möchte (und kann), das Geschäft noch besser zu machen. Das hat einen Wert für den Kunden – und Sie kennen diesen Wert. Ich weiß, dass dies leichter gesagt ist, als es in der Praxis umgesetzt wird. Aber: Wenn Sie in dem Bewusstsein zu Ihrem potenziellen Kunden gehen, dort „nur" Bittsteller zu sein, dann werden Sie sich auch entsprechend verhalten.

Als Verkäufer von Investitionsgütern haben Sie einen Wertbeitrag für Ihre Kunden in der Tasche – denken Sie daran und haben Sie dieses Bewusstsein auch in Ihren Verhandlungen.

Wie Sie Manipulationsfallen vermeiden

Sie sind ein Profi – sonst wären Sie nicht so weit gekommen in Ihrem Verkaufszyklus. Und doch schaffen es geübte Verhandlungspartner immer wieder, auch noch so gute Verkäufer durch den Einsatz (fairer und unfairer) Taktiken aus der Fassung zu bringen.

Mögliche *faire* Versuche, Sie zu beeinflussen	Ihre Möglichkeiten, damit umzugehen
Einen Tag vor der Verhandlung wird diese vertagt ohne konkreten Termin.	Danken Sie für den frühzeitigen Hinweis und äußern Sie Verständnis für die Situation Ihres Kunden. Versuchen Sie dennoch, einen konkreten Ausweichtermin zu bekommen. Sie können zum Beispiel auch auf die befristete Gültigkeit Ihres Angebots hinweisen und dass sich nach Ablauf der Frist die Konditionen verändern können.
Die „kaputte Schallplatte" – einige Forderungen werden so lange wiederholt, bis Sie nachgeben.	Wir kennen dies auch von uns selbst aus unserer Kindheit. Durch die ständige Wiederholung einer Bitte haben unsere Eltern irgendwann entnervt aufgegeben... Ich empfehle Ihnen, falls Sie diese Taktik wahrnehmen, standhaft zu bleiben. Denn dies ist für Ihren Kunden ein offensichtlich wichtiger Punkt – entsprechend hoch kann Ihre Gegenforderung ausfallen.
Nach der Verhandlung noch eine Nachforderung stellen.	Verhandlungspartner nutzen diese Taktik gern, weil sie wissen, dass Sie nach der Verhandlung gute Laune haben. Das ist nahe an der Grenze zum unfairen Verhandeln. Ich empfehle in solchen Fällen, das komplette Verhandlungsergebnis noch einmal in Frage zu stellen – oder aber eine besondere Gegenleistung zu verlangen. Zumindest aber sollten Sie zu erkennen geben, dass Sie diese Taktik erkannt haben. Das stärkt Sie als Verhandlungspartner.
Überaus höfliche Bewirtung mit Dingen, die es bei „normalen" Besuchen nicht gab, z. B. Pralinen, Häppchen etc.	Eine gern genutzte Taktik, um Sie in Sicherheit zu wiegen und dafür zu sorgen, dass Sie sich wohl fühlen. Denn je wohler und bequemer Sie sich fühlen, desto unaufmerksamer werden Sie möglicherweise sein. Ich empfehle, erst nach Abschluss der Verhandlung zuzugreifen, wenn es wieder in den Smalltalk geht. Dann aber herzlich danken!

Abbildung 25: Faire Beeinflussungsversuche Ihrer Verhandlungspartner

An dieser Stelle betone ich ausdrücklich, dass ich Ihnen vom Einsatz unfairer Taktiken dringend abrate. Allerdings wünsche ich Ihnen, dass Sie solche Methoden erkennen können und auch damit umzugehen lernen. Denn so behalten Sie auch in harten Verhandlungen Ihre Gelassenheit.

Beginnen wir mit den fairen Taktiken – möglicherweise erkennen Sie schon die eine oder andere Situation aus der Vergangenheit wieder. Denken Sie daran: Im Business-to-Business-Bereich besteht immer die Möglichkeit der Waffengleichheit. Und es ist noch nie eine Waffe erfunden worden, die nicht auch irgendwann eingesetzt wurde. Für Sie als Verkäufer ist also wichtig, dass Sie die Waffen der Verhandlungsführung zumindest kennen, um im richtigen Moment die passende Verteidigung aufbauen zu können. Es ist ja nicht so, dass alle Kunden unangenehm sind. Aber es geht um Geld. Und gerade im Investitionsgüterbereich geht es um viel Geld. Ein Einkäufer, der mit einer Verhandlung beauftragt wurde, hat ein vitales Interesse daran, seine Ziele zu erreichen. Denn in den meisten Fällen hat auch der Einkäufer eines Unternehmens einen variablen Gehaltsanteil – dessen Höhe sich nach den Erfolgen seiner Verhandlungsführung und den erzielten Einsparungen richtet.

Die Top 10 der unfairen Verhandlungstaktiken

Viel unangenehmer als die fairen sind die unfairen Taktiken, die Ihnen begegnen können. Grundsätzlich sollten Sie Ihren Verhandlungspartnern zunächst einmal gute Absichten unterstellen und nicht mit einem Misstrauensvorschuss in die Verhandlungen einsteigen.

Allerdings ist es hilfreich zu wissen, dass es solche Taktiken gibt und dass sie auch angewendet werden können. Wenn Sie die folgenden Taktiken erkennen und gut damit umgehen können, sind Sie für die meisten Verhandlungen gewappnet:

- Der Bluff
- Friss oder stirb
- Zu frühe Zugeständnisse
- Höhere Autoritäten
- Übertrieben niedriges Angebot
- Guter Cop, böser Cop
- Die Bedarfslüge
- Die Zeitfalle
- Der persönliche Angriff
- Das Tabu

- **Taktik 1: Der Bluff**
    - **Wie sie funktioniert:**
        Ihr Verhandlungspartner setzt Ihnen ein falsches Ultimatum oder nennt Ihnen ein nicht existierendes oder falsches Wettbewerbsangebot, um Sie dazu zu bewegen, im Interesse einer Einigung noch weitere Zugeständnisse zu machen.

- **Stärken dieser Taktik:**
  Bei den Verkäufern, die äußerst erpicht auf den Abschluss sind, kann diese Taktik sehr wirksam sein.
- **Schwächen dieser Taktik:**
  Das Risiko ist überschaubar für den, der sie anwendet. Wenn der Bluff allerdings auffliegt, verliert man seine Glaubwürdigkeit.
- **Wie Sie dieser Taktik begegnen können:**
  Zeigen Sie vor allem nie, dass Sie den Abschluss unbedingt brauchen. Außerdem sollten Sie schon vor der Verhandlung herauszufinden versuchen, welche anderen Angebote Ihr Verhandlungspartner vorliegen hat. Bleiben Sie vor allem gelassen, wenn Ihnen eine unrealistische Deadline genannt wurde, aber öffnen Sie eine Fluchttür für Ihren Verhandlungspartner, zum Beispiel: „Innerhalb dieses Zeitraums kann ich Ihnen das Produkt nicht liefern, aber ich kann Ihnen realistisch ausarbeiten, wann der früheste Zeitpunkt ist."

- **Taktik 2: Friss oder stirb**
  - **Wie sie funktioniert:**
    Ihr Verhandlungspartner setzt Ihnen ein „letztes Angebot", das Sie entweder annehmen können oder die Verhandlungen sind beendet.
  - **Stärken dieser Taktik:**
    Ein wirksamer Weg, um alle nur irgend möglichen Zugeständnisse aus dem Verkäufer heraus zu „pressen".
  - **Schwächen dieser Taktik:**
    Das Risiko für Ihren Verhandlungspartner ist allerdings hoch: Wenn die Taktik nicht aufgeht, dann wird die Verhandlung scheitern. Außerdem können Sie so gezwungen sein, äußerst hohe Zugeständnisse zu machen, die die langfristigen Geschäftsbeziehungen belasten werden.
  - **Wie Sie dieser Taktik begegnen können:**
    Wichtig ist, dass Sie den Hintergrund dieser Taktik kennen. Wie realistisch und vor allem wie glaubwürdig ist die Bedrohung? Wie sehen die Alternativen aus? Stellen Sie in diesem Fall Fragen nach dem Grund – warum kann Ihr Verhandlungspartner keine weiteren Zugeständnisse machen? Sammeln Sie Ideen, wie Sie diese Mauer überwinden können, und versuchen Sie, dies gemeinsam mit Ihrem Verhandlungspartner zu tun. So erreichen Sie, dass ein Angriff zu einer Kooperation wird. Wenn alles nichts bringt und der Auftrag für Sie nicht „überlebenswichtig" ist, können Sie die Verhandlung auch abbrechen – und haben damit Ihr Gesicht gewahrt.

- **Taktik 3: Zu frühe Zugeständnisse**
  - **Wie sie funktioniert:**
  Ihr Verhandlungspartner macht gleich zu Beginn der Verhandlung Zugeständnisse, die er Ihnen geben kann. Er wird dies dazu benutzen, um Sie im Anschluss zu (für ihn wertvolleren) Zugeständnissen Ihrerseits aufzufordern.
  - **Stärken dieser Taktik:**
  Viele Verkäufer erkennen diese Taktik gar nicht, weil sie so subtil und kooperativ wirkt. Außerdem birgt sie für Ihren Verhandlungspartner fast kein Risiko, weil er ohnehin nur Dinge geben kann, die für ihn keinen oder nur wenig Wert haben.
  - **Schwächen dieser Taktik:**
  Aggressive Verkäufer könnten dies als Schwäche des Verhandlungspartners auslegen und fühlen sich im weiteren Verlauf zu sicher.
  - **Wie Sie dieser Taktik begegnen können:**
  Machen Sie allenfalls kleine Zugeständnisse, die maximal dem entsprechen, was Sie bekommen haben. Lassen Sie sich vor allem nicht zu mehr drängen (Beispiel: „Jetzt bin ich Ihnen schon so weit entgegengekommen, da können Sie doch auch einmal etwas ...").

- **Taktik 4: Höhere Autoritäten**
  - **Wie sie funktioniert:**
  Ihr Verhandlungspartner sagt Ihnen plötzlich mitten in der Verhandlung, er müsse sich für diesen Punkt noch die Erlaubnis eines Vorgesetzten holen. Dann kommt er zurück mit der sinngemäßen Aussage: „Mein Chef sagt, wir haben jetzt ohnehin schon zu viele Zugeständnisse gemacht, da müssten Sie aber noch etwas drauflegen, damit wir überhaupt ins Geschäft kommen."
  - **Stärken dieser Taktik:**
  Fast risikofrei für Ihren Verhandlungspartner. Er kann selbst die Rolle des „Guten" spielen und alle Streitpunkte auf seinen unsichtbaren Chef verlagern.
  - **Schwächen dieser Taktik:**
  Allerdings kann es Ihrem Verhandlungspartner auch als Schwäche ausgelegt werden, wenn er immer erst fragen gehen muss. In jeder Verhandlung kann diese Taktik höchstens einmal angewandt werden, sonst macht sich Ihr Verhandlungspartner unglaubwürdig in seiner Entscheidungskompetenz.

- **Wie Sie dieser Taktik begegnen können:**
  Sie können schon zu Beginn der Verhandlung sicherstellen, wer denn das letzte Wort hat – und ob Ihr Verhandlungspartner die Entscheidungskompetenz hat, den Abschluss zu tätigen. Zusätzlich können Sie, ebenfalls zu Beginn der Verhandlung, mit Ihrem Verhandlungspartner festlegen, wie der Abschluss „technisch gesehen" entschieden wird. Machen Sie von Beginn an klar, mit welchen Entscheidungskompetenzen Sie ausgestattet sind und dass Sie dies auch von Ihrem Verhandlungspartner erwarten würden. Mit der Frage: „Können wir beide heute zu einer Entscheidung kommen?" bauen Sie Ihrem Verhandlungspartner auch eine Brücke – und die Trickkarte ist so vom Tisch. Im Notfall können Sie dieselbe Taktik ebenfalls anwenden, wenn die Forderungen übertrieben hoch sind.

- **Taktik 5: Übertrieben niedriges Angebot**
  - **Wie sie funktioniert:**
    Ihr Verhandlungspartner macht ein sehr, sehr niedriges Angebot, das aus Ihrer Sicht völlig unrealistisch is.
  - **Stärken dieser Taktik:**
    Fast risikofrei für Ihren Verhandlungspartner und vor allem sehr wirksam. Allerdings erwarten die meisten Verkäufer eine solche Taktik schon im Vorfeld.
  - **Schwächen dieser Taktik:**
    Das Angebot darf nicht komplett unrealistisch sein, denn so läuft Ihr Verhandlungspartner Gefahr, dass Sie die Verhandlung gar nicht erst aufnehmen. Wenn Ihr Verhandlungspartner jetzt nachlegen muss, damit Sie überhaupt verhandeln, hat er an Glaubwürdigkeit verloren.
  - **Wie Sie dieser Taktik begegnen können:**
    Das Schöne ist: Einer Übertreibung können Sie immer mit einer charmanten Gegen-Übertreibung begegnen, um klarzustellen, dass Sie diese erste Forderung ohnehin ins Reich der „Planspiele" verbannen, beispielsweise mit „Interessant, dass Sie das sagen, ich habe nämlich eben gemerkt, dass ich Ihnen einen viel zu niedrigen Preis angeboten habe und wollte gerade das Doppelte fordern." Mit einem freundlichen Lächeln verliert Ihr Verhandlungspartner so nicht sein Gesicht und Sie haben gleich zu Beginn klargestellt, dass Sie auf Augenhöhe verhandeln. Verhandeln hat eben viel mit Psychologie zu tun.

- **Taktik 6: Guter Cop, böser Cop**
  - **Wie sie funktioniert:**
  Sie haben zwei Verhandlungspartner. Einer von ihnen verhält sich sehr aggressiv Ihnen gegenüber, während der Andere ausgleichend und moderierend ist. Ihre Verhandlungspartner nutzen einen vermeintlichen internen Disput, um Sie als „Schlichter" zu gewinnen, indem Sie Zugeständnisse machen.
  - **Stärken dieser Taktik:**
  Diese Taktik kann sehr wirkungsvoll sein – vor allem dann, wenn sie gegenüber unerfahrenen Verkäufern eingesetzt wird.
  - **Schwächen dieser Taktik:**
  Bei starken Verkäufern wird diese Taktik nicht verfangen, im Gegenteil: Ihre Verhandlungspartner können im Gegenzug an Glaubwürdigkeit verlieren.
  - **Wie Sie dieser Taktik begegnen können:**
  Sprechen Sie dieses Phänomen am besten offen an. Manchmal hilft es, sich unwissend zu stellen, etwa indem Sie sagen: „Ich habe das Gefühl, dass Sie beide sich noch nicht einig darüber sind, was Sie möchten". Manchmal können Sie dieses Phänomen auch mit einem Augenzwinkern auflösen, zum Beispiel mit „Das ist das beste ‚guter Cop/böser Cop'-Spiel, das ich seit langem erlebt habe. Kompliment!". Der Lacher wird auf Ihrer Seite sein!

- **Taktik 7: Die Bedarfslüge**
  - **Wie sie funktioniert:**
  Ihr Verhandlungspartner verlangt eine zusätzliche Leistung von Ihnen, die er einerseits nicht wirklich benötigt und von der er andererseits weiß, dass Sie sie nicht erbringen können. So wird der Verkäufer in die Defensive gedrängt, weil er das Gefühl vermittelt bekommt, dass er gar nicht liefern kann, was der potenzielle Kunde benötigt.
  - **Stärken dieser Taktik:**
  Eine wirkungsvolle Taktik bei unerfahrenen Verkäufern. Der Verhandlungspartner sieht dabei immer gut aus, weil er Ihnen ja aus reiner Freundlichkeit trotzdem die Chance gibt, ein Angebot abzugeben.
  - **Schwächen dieser Taktik:**
  Allerdings ist diese Taktik nicht ohne Risiko für Ihren Verhandlungspartner. Zum einen läuft er Gefahr, dass Sie das Verlangte wirklich liefern können – und dann müsste er anschließend einen Weg finden, aus der Forderung wieder herauszukommen. Außerdem riskiert Ihr Verhandlungspartner den Abbruch der Verhandlungen, weil er etwas

gefordert hat, das Sie gar nicht liefern können. Eine Verhandlung wäre also vergeudete Zeit. Langfristig angelegte Geschäftsbeziehungen können so stark in Mitleidenschaft gezogen werden.
- **Wie Sie dieser Taktik begegnen können:**
In der Praxis sollte Ihnen diese Taktik nicht begegnen, wenn Sie vorher Ihre „Unique Value Proposition" so gut vorbereitet und erstellt haben, dass wirklich alle Bedürfnisse Ihres potenziellen Kunden berücksichtigt waren. Überlegen Sie, dass Sie sich ja während der Angebotspräsentation bei Ihren Gesprächspartnern die Zustimmung abgeholt haben, dass Sie deren Situation richtig erfasst haben.

- **Taktik 8: Die Zeitfalle**
   - **Wie sie funktioniert:**
   Gleich zu Beginn sagt Ihr Verhandlungspartner: „Wir hatten ja ursprünglich zwei Stunden Zeit eingeplant, allerdings muss ich dringend in einer halben Stunde zu einem wichtigen Termin."
   - **Stärken dieser Taktik:**
   Eine wirkungsvolle Taktik bei unerfahrenen Verkäufern. Sie fühlen sich unter Zeitdruck und kommen so in Stress. Um nun rasch zum Abschluss zu kommen, machen Verkäufer Zugeständnisse, die sie sonst nicht gemacht hätten.
   - **Schwächen dieser Taktik:**
   Ihr Verhandlungspartner läuft Gefahr, dass Sie den kompletten Termin als hinfällig erklären, denn in einer halben Stunde werden Sie erfahrungsgemäß nicht fertig werden. Wenn er nun einlenken muss, hat er an Glaubwürdigkeit verloren.
   - **Wie Sie dieser Taktik begegnen können:**
   Nehmen Sie den Ball auf und drehen Sie ihn zum Positiven: „Gut, dann lassen Sie uns doch zunächst einmal schauen, über welche Punkte wir heute verhandeln möchten, und anschließend entscheiden wir, ob es sich zeitlich überhaupt lohnt, damit anzufangen." So haben Sie Ihrem Verhandlungspartner eine Brücke gebaut, über die er gehen kann, ohne sein Gesicht zu verlieren.

- **Taktik 9: Der persönliche Angriff**
   - **Wie sie funktioniert:**
   Ihr Verhandlungspartner greift Sie direkt oder indirekt persönlich an, zum Beispiel indem Sie ihn schon auf dem Gang hören: „Ist der Idiot von ... schon da?". So setzt er Sie psychologisch unter Druck und bringt Sie in die Verteidigungshaltung, ohne dass Sie es wollen.

- **Stärken dieser Taktik:**
  Interessanterweise ist dies immer noch eine weit verbreitete, weil äußerst wirksame Taktik bei „alten Hasen" im Einkauf. Bei unerfahrenen oder unsouveränen Verkäufer hilft sie.
- **Schwächen dieser Taktik:**
  Das Risiko ist nicht unerheblich und in der Regel wird diese Taktik nicht angewandt, wenn eine langfristige Geschäftsbeziehung zur Diskussion steht. Ihr Verhandlungspartner weiß nicht, wie Sie reagieren werden, und muss damit rechnen, dass er eine Trotzreaktion provoziert.
- **Wie Sie dieser Taktik begegnen können:**
  Sie können diesen Angriff am besten als das nehmen, was er ist: die Eröffnung eines Spiels, dessen Regeln Sie ebenso gut beherrschen. Wenn Sie jetzt zum Gegenangriff übergehen, hat Ihr Verhandlungspartner erreicht, dass Sie unnötig Energie verbrauchen und vor allem den Kopf nicht mehr frei haben zum Verhandeln. Am besten reagieren Sie entweder, indem Sie diesen Angriff ignorieren, oder Sie greifen den Ball auf und versuchen, Ihrem Verhandlungspartner zu verstehen zu geben: „Ja, hier bin ich schon. Allerdings wusste ich gar nicht, dass Sie auch mit Idioten verhandeln." Kein Verhandlungspartner, der auf sich hält, wird gern zugeben, dass er mit Idioten verhandeln muss. Er wird die Situation darauf hin ins Lächerliche ziehen müssen – und der Punkt geht an Sie.

- **Taktik 10: Das Tabu**
  - **Wie sie funktioniert:**
    Gleich zu Beginn sagt Ihr Verhandlungspartner: „Über diesen und jenen Punkt müssen wir gar nicht verhandeln, da steht unsere Position fest. Lassen Sie uns also noch über die verbleibenden Punkte sprechen."
  - **Stärken dieser Taktik:**
    Eine der wirkungsvollsten Fallen, in die auch erfahrene Verkäufer immer noch hineintappen. Denn die erste Reaktion des Verkäufers ist: „Prima, der Abschluss ist in greifbarer Nähe, es geht nur noch um Kleinigkeiten.". Die Gefahr ist allerdings hoch für den Verkäufer, dass er nun komplett „die Hosen herunterlassen muss", um zum Abschluss zu kommen.
  - **Schwächen dieser Taktik:**
    Es gibt fast keine Risiken für Ihren Verhandlungspartner, diese Taktik anzuwenden.

- **Wie Sie dieser Taktik begegnen können:**
  Sie können zu Recht überrascht reagieren, indem Sie Ihrem Verhandlungspartner zu verstehen geben: „Unser Angebot besteht aus unterschiedlichen Positionen und jede Position ist sauber kalkuliert. Wenn wir also diese eine Position nicht mehr verhandeln können, dann kann ich Ihnen bei den anderen Punkten nicht mehr entgegenkommen." Sie antworten also mit einem Gegentabu.

Liebe Leser, das Verhandeln gehört zu den spannendsten Momenten im Leben eines Verkäufers. Und ich wünsche Ihnen eine gehörige Portion Gelassenheit, die Sie sich durch gute Vorbereitung verdient haben.

Ach übrigens: Glückwunsch zum Verkaufsabschluss! Wir haben den kompletten Verkaufszyklus erfolgreich gemeistert!

After-Sales-Phasen

Die eigentliche Akquisitionsarbeit ist getan. Die Unterschrift unter dem Vertrag ist trocken und Sie sind aufgefordert, nun die versprochenen Leistungen zu erbringen. Für Ihren Kunden ist der Moment der Wahrheit gekommen.

Die Phasen im „After-Sales" bestehen aus:

- Phase 1: Lieferung und Inbetriebnahme
- Phase 2: Die Account-Planung
- Phase 3: Rücknahme und Neuverkauf

Phase 1: Lieferung und Inbetriebnahme

Im Investitionsgüterbereich sind die Aufgaben häufig organisatorisch von einander getrennt, weil in der Regel das Produkt von einem Techniker aufgestellt und in Betrieb genommen wird. Bei komplexeren Projekten, wie im Objektbereich oder im Anlagenverkauf, werden diese Aufgaben sogar häufig von Subunternehmen übernommen, die diese Leistung für Sie und Ihr Unternehmen erbringen.

Und doch sind Sie als Verkäufer hier ganz besonders gefordert. Denn für Ihren Kunden kommt nun der Moment der Wahrheit: Habe ich wirklich die richtige Entscheidung getroffen mit meiner Kaufentscheidung? Kann mein neuer Lieferant wirklich all das leisten, was wir vereinbart haben?

An dieser Stelle empfehle ich Ihnen, gemeinsam mit Ihren Kollegen im Team zu arbeiten. Vielleicht sind Sie in der glücklichen Situation, dass Sie einen internen Projekt-Verantwortlichen haben, der die Koordination für Lieferung und Inbetriebnahme übernehmen kann. Organisatorisch ist dies immer zu empfehlen – vor allem dann, wenn Ihre eigentliche Aufgabe als Verkäufer ist, für Neugeschäft zu sorgen.

Die Projekt-Verantwortlichen übernehmen beispielsweise diese Aufgaben:
- Hinzuziehen der benötigten Kräfte (zum Beispiel Installateure, Monteure, Subunternehmer)
- Logistische Koordination (Anlieferungskoordination bei komplexeren Projekten)
- Koordination der Einweisung auf das neue Produkt (zum Beispiel Schulung der Mitarbeiter auf ein neues Computersystem oder ein neues Küchengerät)
- Koordination der Rücknahme und Entsorgung von vorhandenen Altgeräten, wenn dies vereinbart ist
- Terminplanung aller beteiligten Kräfte

Je reibungsloser die Installation und Inbetriebnahme einer neuen Lösung für den Kunden ist, desto höher ist die Bereitschaft, gern damit zu arbeiten.

Beispiel

> Ich habe einmal erlebt, dass ein Hotel ein neues System von Wärmeschränken für das Regenerieren von Speisen angeschafft hat, das zu dieser Zeit „State of the Art" gewesen ist. Allerdings kamen die Köche mit der Bedienung des Systems nicht klar, weil sie nie im Echtbetrieb eine unterstützende Einweisung des Lieferanten hatten. So blieben die Schränke ungenutzt und der ganze Betrieb blieb bei dem (teureren) Vorlegeservice im Bankettbereich. Damit konnte ein guter Teil der erwarteten Einsparungen nicht realisiert werden.

Phase 2: Account-Planung

Wir haben ja bereits festgestellt, dass die Wechselbereitschaft von Kunden gerade im Investitionsgüterbereich nicht allzu hoch ist. Der Grund liegt vor allem in der vergleichsweise langen Nutzungsdauer der Investitionsgüter. Allerdings gibt es immer wieder Angriffspunkte für Ihren Wettbewerb, doch einen Fuß in die Tür zu bekommen. Sie haben dies bereits in Abbildung 16 erkennen können. Eine wirksame Taktik ist beispielsweise, mit vergleichsweise kleinen Projekten die Zusammenarbeit zustande kommen zu lassen, um dann bei der Ausschreibung größerer Anschaffungen mit berücksichtigt zu werden.

> **Merke**
> Für Sie als Verkäufer ist wichtig zu wissen: Ich bin nicht allein in diesem Kundenunternehmen und mein Wettbewerb schläft nicht. Seien Sie also auf der Hut und planen Sie die Zusammenarbeit mit Ihrem Kunden.

Für diesen Fall empfehle ich Ihnen, die Zusammenarbeit mit Ihrem neuen Kunden so systematisch wie möglich vorauszuplanen. Das mag klingen wie der Blick in die Glaskugel, aber für ein Unternehmen ist ein bestehender Kunde, mit dem das Geschäft aufrechterhalten und wenn möglich sogar ausgeweitet werden kann, von unschätzbarem Wert. Der Wert Ihres Unternehmens richtet sich vor allem auch an dessen Kundenwert, also der Anzahl der Kunden, der Laufzeit bestimmter Lieferverträge und dem damit errechneten Barwert zum heutigen Zeitpunkt.

Die Systematik, die Ihnen als Verkäufer helfen kann, heißt „Kunden-Aktionsplanung". Mit einer solchen Planung können Sie mit einer halbwegs guten Treffsicherheit voraussagen, zu welchem Zeitpunkt Ihr Kunde in welcher Form einen Investitionsbedarf haben wird, den Sie decken können.

Um eine Kunden-Aktionsplanung mit einfachen Mitteln erstellen zu können, hilft es, die folgenden Fragen zu beantworten:

Leitfragen zum Erstellen eines Kunden-Aktionsplans:

- Wie hat sich dieser Kunde im letzten Halbjahr entwickelt in Bezug auf
    - Umsatz
    - Dienstleistungen
    - Veränderungen
- Was werden in Zukunft die hauptsächlichen Probleme des Kunden in dessen Markt sein – und wie können wir ihm mit unseren Lösungen helfen?
    - Auf welchen anderen Gebieten können wir dem Kunden helfen?
    - Mit wem sprechen wir bei diesem Kunden – heute und in Zukunft?
    - Sind dies wirklich die Entscheider? Wenn nicht – wie können wir die Entscheider erreichen?

- Was denkt der Kunde über uns und unser Unternehmen?
- Welchen Wettbewerb haben wir zurzeit bei diesem Kunden – und bei welchen Lösungen? Warum nutzt der Kunde nicht nur unsere, sondern auch die Produkte des Wettbewerbs?
- Welche zusätzlichen Leistungen haben wir erbracht?
- Wie wichtig sind diese Zusatzleistungen in Zukunft für die Entscheider?
- Welche Ergebnisse haben wir mit diesen Zusatzleistungen erzielt? Haben wir damit Geld verdient?

■ Ressourcenbindung und Deckungsbeitrag
- Welche Ressourcen binden wir derzeit für diesen Kunden, vor allem in Bezug auf investierte Zeit und eingesetztes Geld?
- Erhalten wir einen nennenswerten Deckungsbeitrag aus dieser Kundenbeziehung?
- Welche Ressourcen sollten wir erhöhen und welche zurückfahren?
- Was hindert uns derzeit daran, diesen Kunden weiterzuentwickeln? Was können wir dagegen tun?
- Wie groß ist unser Potenzial bei diesem Kunden? Können wir dieses Potenzial noch steigern?

Für einen einfachen Kunden-Aktionsplan finden Sie im Folgenden ein erprobtes Muster, das für die meisten Fälle im Investitionsgüterbereich Geltung hat. Ich habe es einmal ausgefüllt, damit Sie einen Eindruck davon bekommen, wie es in der Praxis aussieht. Mit diesem Modell sind Sie in 80 Prozent aller Fälle handlungsfähig, ein ausführlicheres Modell werde ich Ihnen präsentieren, wenn wir über das Thema Key Account Management sprechen.

Im Kapitel 7 „Mehr Umsatz durch professionelles Key Account Management" werde ich ausführlicher auf die Kunden-Aktionspläne eingehen, denn in dieser Disziplin sind die Aufgaben noch komplexer.

Für Sie als Verkäufer ist wichtig zu wissen, dass der Verkauf nicht mit dem Kaufvertrag bzw. dem Vertragsabschluss beendet ist. Sie haben vielmehr die Chance, eine langfristige Beziehung mit Ihren Kunden zu entwickeln und so den Markt nachhaltig für sich und Ihr Unternehmen zu erobern.

Kunden-Aktionsplanung für:	Musterkunde AG		
erstellt von:	Max Mustermann		
Planungszeitraum:	Jan. - Dez. 2009		
Angestrebte Ergebnisse: – Den Einkaufsdirektor bis Ende März persönlich kennen lernen – Den Kunden auf seinen Kundendeckungsbeitrag hin bewerten (Jahre 2006–2008) – Zusatzleistungen herausfinden, die es erlauben, den Umsatz mit diesem Kunden um 12 Prozent zu steigern			
Wesentliche Aktivitäten: – Wettbewerbsanalyse bei diesem Kunden durchführen – Die Vorlieben der Anwender bei diesem Kunden noch genauer herausfinden – Einen umfangreicheren Vertrag für das nächste Geschäftsjahr verhandeln			
Maßnahmen	Zeitpunkt	Benötigte Ressourcen	Ergebnis
Einkaufsdirektor kennen lernen	März 2009	Ca. 3 Stunden inkl. Vorbereitung	Kontaktbericht auch an die Kollegen leiten
Meeting mit Controlling	Meeting bis 15. Februar, Bewertung bis März	Ca. 5 Stunden mit 4 Personen für Meeting, dann noch einmal 2 Manntage	Deckungsbeitrag herausfinden, ROI identifizieren
Kundenveranstaltung mit Anwendern	April 2009	Ca. 5.000 EUR plus 10 Manntage	Wünsche der Anwender klarer identifiziert
Jahresvertrag für 2010	Ende Mai 2009	5 Stunden inkl. Vorbereitung	Qualifiziertes Angebot mit 12 Prozent Steigerung

Abbildung 26: Muster für einen kundenbasierten Aktionsplan

Phase 3: Rücknahme und Neuverkauf

Haben Sie in Ihrem ersten Angebot, in dem Sie zum ersten Mal mit Ihrem Kunden ins Geschäft gekommen sind, auch die Rücknahme Ihres Gerätes mit vereinbart? Besonders im Produktgeschäft, zum Beispiel bei Computern oder Küchengeräten, wird dies immer häufiger praktiziert. Viele Unternehmen bieten dies als Serviceleistung mit an – und zwar aus zweierlei Gründen:

- Zum einen bieten Sie Ihrem Kunden so eine Leistung über die komplette Nutzungsdauer an.
- Außerdem haben Sie zusätzlich die exakte Orientierung, zu welchem Zeitpunkt sich Ihr Kunde mit der Neubeschaffung auseinandersetzt. Das hilft Ihnen, auch den richtigen Zeitpunkt für ein neues Angebot anzusteuern.

So beginnt also der Verkaufszyklus von Neuem – Sie haben es ja in der Abbildung 16 schon gesehen: Nach dem Kauf ist vor dem Kauf.

Das Wichtigste aus diesem Kapitel in Kürze

- Durch gekonntes Agieren im Verkaufszyklus können Sie die Angriffspunkte Ihrer Wettbewerber vorhersehen und entsprechend handeln.
- Das Erstgespräch mit potenziellen Kunden dient in erster Linie der Informationsgewinnung und nicht dem Produktverkauf.
- Die Struktur der Unique Value Proposition ist die Grundlage für Ihr Angebot.
- Verhandlungen werden in der Regel hart geführt – aber fair.

7 Mehr Umsatz durch professionelles Key Account Management

> **In diesem Kapitel erfahren Sie ...**
> - ... warum Key Account Management immer wichtiger wird.
> - ... wie Key Account Management im Unternehmen verankert wird.
> - ... was Sie brauchen, um Key Account Management erfolgreich umzusetzen.

Grundlagen des Key Account Managements

Key Account Management ist ein dermaßen umfangreiches und komplexes Thema, dass allein dazu komplette Werke mit mehreren Hundert Seiten verfasst worden sind. Insofern möchte ich mit der Aufnahme dieses Kapitels vornehmlich eines erreichen: Sie erhalten eine grundsätzliche Orientierung über die Facetten des Key Account Managements für Investitionsgüter. Sie werden feststellen, dass sich mit diesem Kapitel der Kreis schließt, den wir mit den unterschiedlichen Kunden-Interaktionsmodellen in Angriff genommen haben.

Was bedeutet Key Account Management?

Der englische Begriff Key Account Management bedeutet übersetzt Schlüsselkundenbetreuung. Schlüsselkunden sind dabei in einem Unternehmen diejenigen Kunden, deren Auftragsvolumen von zentraler Bedeutung für das Unternehmen ist und deren Verlust ein tiefes „Loch" in die finanziellen Ergebnisse reißen würde.

Allgemein lässt sich das KAM so definieren:

> **Was ist Key Account Management**
> Key Account Management (KAM) bedeutet systematische Analyse, Auswahl und Bearbeitung von aktuell oder potenziell bedeutenden Schlüsselkunden.

Sie sehen – es geht hier nicht mehr nur um die „Bearbeitung" und den damit verbundenen „Hineinverkauf", den wir aus dem klassischen Verkauf kennen. Im Key Account Management berühren wir die komplette Organisation des Vertriebs und darüber hinaus das Marketing Ihres Unternehmens.

Hier tut sich in der Regel das erste Spannungsfeld auf – denn Eingriffe in die Organisation von Unternehmen bzw. Unternehmensbereichen können nur „von oben" entschieden werden. Während der „klassische" Vertrieb häufig nach Regionen, nach Zielgruppen oder nach Produkten aufgestellt und entsprechend organisiert ist, ermöglicht die Einführung des Key Account Managements das Überwinden dieser künstlichen Barrieren und die sowohl regions- wie auch produkt- und zielgruppenübergreifende Ausrichtung. Das macht naturgemäß immer dann Sinn, wenn Ihr Unternehmen einem Kunden-Unternehmen mehr bieten kann als nur eine Produktgruppe – und das auch auf mehr als nur einem Markt.

Die stärkste Herausforderung ist das sogenannte Beziehungsmanagement, denn sowohl das Buying Center als auch Ihr „Selling Center" erlangen personelle Größen, die nicht mehr immer sofort überschaubar sind. Abbildung 27 zeigt deutlich, wie viele Unternehmensbereiche im Key Account Management sowohl im Einkauf als auch im Verkauf aktiv werden können:

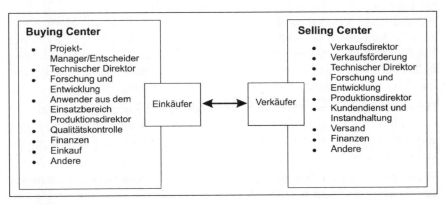

Quelle: Richter, 2001
Abbildung 27: Buying Center und Selling Center im Key Account Management

Immer dann, wenn einige Kunden eines Unternehmens im Verhältnis zu anderen Kunden zunehmend an Gewicht gewinnen, ist es sinnvoll, über die Einrichtung eines Key Account Managements nachzudenken. Das macht vor allem deswegen Sinn, weil mit eben diesen Kunden auch die Abhängig-

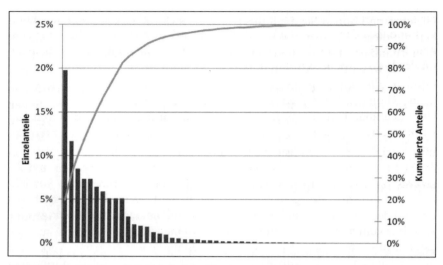

Abbildung 28: Das Pareto-Prinzip bei der Kundenumsatzanalyse

keit Ihres Unternehmens steigt. Mit anderen Worten: Wenn ein Key Account abspringt, tut's weh.

Sie kennen sicher die goldene Regel, dass ein Unternehmen mit rund 20 Prozent seiner Kunden rund 80 Prozent seines Umsatzes erwirtschaftet. Mit einigen Ausreißern nach oben und unten stimmt dieses Verhältnis in der Regel. Auch wenn Sie sich Ihren eigenen Kundenstamm, zum Beispiel den in Ihrer Region, anschauen, werden Sie feststellen, dass diese Regel Bestand hat. Man nennt dies das Pareto-Prinzip (vgl. Abbildung 28).

Damit erhöht sich natürlich auch die Abhängigkeit – und in der Regel geht man mit diesen Großkunden „vorsichtiger" um bzw. Sie sind eher zu Zugeständnissen bereit, als Sie es bei einem Kunden mit weniger Umsatzpotenzial gewesen wären.

Wir haben es bei den Interaktionsmodellen schon festgestellt: Je komplexer das Geschäft mit dem Kunden, desto höher ist die Anforderung an Ihr Unternehmen, den Kunden zufriedenzustellen. Denn Großkunden verlangen nicht nur mehr Aufmerksamkeit und höhere Nachlässe, sondern darüber hinaus auch häufig maßgeschneiderte Produkte oder Angebote.

Sie führen also Key Account Management in Ihrem Unternehmen ein, um genau die Kunden strukturiert und professionell zu ermitteln und zu bearbeiten, deren Verlust ein großes Loch in die Tasche Ihres Unternehmens reißen würde.

Gleichzeitig können Sie auch die Transaktionskosten in der Zusammenarbeit mit diesen Kunden senken, weil Sie eine zwar schlankere, aber dadurch überschaubare und fokussiertere Form der Zusammenarbeit eingeführt haben. Das wesentliche Merkmal des Key Account Managements ist also das Bündeln aller kundenrelevanten Aktivitäten in einer Person: dem Key Account Manager. Der Vorteil für den Kunden ist genau derselbe wie für Ihr Unternehmen: Durch das Bündeln von Zuständigkeiten und durch die strukturierte Koordination der Zusammenarbeit spart auch das Unternehmen Ihres Kunden Zeit und Geld.

Wann ist ein Kunde ein Key Account?

Nicht jeder Großkunde ist auch ein wirklicher Kandidat, um Key Account zu sein. Manchmal ist es sinnvoll, diesen einen Kunden einfach aus der „standardisierten" Betreuung herauszulösen und einen einzelnen Verkäufer nur für diesen Kunden abzustellen, ohne gleich die komplette Organisationsstruktur im Unternehmen anpassen zu müssen.

Beispiel

> Ein mittelständisches Maschinenbauunternehmen arbeitet für rund 3.000 Kunden jährlich mit einer mehr oder weniger einheitlichen Produktpalette. Plötzlich erhält das Unternehmen einen Großauftrag von einem Kunden, um den die Geschäftsführung lange geworben hat. Rund 1.000 Geräte müssen innerhalb eines bestimmten Zeitraums geliefert werden.
>
> Das Unternehmen entschließt sich, nicht des einen Kunden wegen ein systematisches Key Account Management in der Vertriebsorganisation einzuführen. Vielmehr stellt es einen geeigneten Mitarbeiter dafür ab, alle Beziehungen mit diesem einen Großkunden zu koordinieren und das Projekt erfolgreich umzusetzen. Die Unterstützung aller Abteilungen wird zugesichert, allerdings werden keine standardisierten Prozesse festgeschrieben, um nach allen Seiten beweglich zu bleiben.
>
> Ein strukturiertes Key Account Management ist somit noch nicht implementiert, wohl aber existieren bereits erste Ansätze dazu.

Der Gewinn eines Großkunden kann also eine Initialzündung für ein Unternehmen sein, sich mit dem Thema Key Account Management auch organisatorisch auseinanderzusetzen.

Das beschriebene Unternehmen kann allerdings in der Zukunft einmal seinen gesamten Kundenstamm (und auch die gewünschten Zielkunden, die es noch nicht besitzt) durchleuchten, um geeignete Key Accounts zu identifizieren. Dabei ist der Umsatz nicht immer die am besten geeignete Bemessungsgröße, denn viele Kunden mit hohem Umsatzvolumen erhalten auch große Nachlässe und binden viele Ressourcen im Unternehmen, die nicht immer direkt zugerechnet werden können. In der Praxis gibt es Unternehmen, die mehr als 50 Key Accounts haben, und solche, die nicht mehr als drei Key Accounts besitzen. Entscheidend ist nicht die Anzahl der Key Accounts, sondern die Art und Weise, wie diese in die Vertriebsorganisation eingebunden sind. Letztlich soll es sowohl Ihrem Unternehmen und dem Ihres Kunden zugute kommen, dass die Koordination zahlreicher Abteilungen, zwischen Buying und Selling Center reibungslos funktioniert.

Heute können Sie potenzielle Key Accounts in Ihrem Kundenstamm noch strukturierter und genauer identifizieren: mit dem sogenannten „Customer Lifetime Value (CLV)". Wie in der Berechnung der „Total Cost of Ownership" in dem Beispiel in Kapitel 4 wird mit dieser Methode der Kapitalwert einer Kundenbeziehung errechnet. Je höher der Kapitalwert und dessen Bedeutung für Ihr Unternehmen, desto wahrscheinlicher ist, dass es sich um einen potenziellen Key Account handelt. Es gibt nämlich auch Kunden, mit denen Ihr Unternehmen unter Umständen Verlust macht, wenn alle kundenbezogenen Kosten einmal erfasst worden sind.

Anders als bei der Berechnung des „Total Cost of Ownership" werden hier die wahrscheinlichen Umsätze des Kunden den Kosten gegenübergestellt, die Ihr Unternehmen dadurch hat, diesen Kunden zu betreuen. Eine nicht immer einfache Aufgabe, weil Sie hierfür in der Lage sein müssen, die entstandenen Kosten auch wirklich zuordnen zu können. In der Vergangenheit war das nahezu unmöglich – heute, mit modernen ERP-Systemen, an die ein leistungsfähiges CRM-System angedockt ist, ist dies möglich.

Stellen Sie sich einmal vor, Sie haben einen Ihrer Kunden identifiziert, von dem Sie überzeugt waren: „Das ist ein Key Account für uns." Plötzlich stellen Sie fest, dass Ihr Unternehmen mit diesem Kunden zwar viel Umsatz macht, aber fast gar keinen Deckungsbeitrag mehr erwirtschaftet, weil alle Margen von der Betreuung und den hohen Nachlässen wieder aufgezehrt wurden. Wie verhalten Sie sich? Nun, im allerschlimmsten Fall muss sich ein Unternehmen auch von einem Kunden trennen dürfen, wenn er nicht den entsprechenden Deckungsbeitrag bringt.

Beispiel

Ein Verkäufer eines Energieversorgers hatte einen langjährigen Kunden, der ihm rund 10 Prozent seines Umsatzes brachte. Also schenkte er ihm auch einen großen Teil seiner Aufmerksamkeit. Einladungen zu Firmenveranstaltungen, Investitionszuschüsse und andere Instrumente waren an der Tagesordnung.

Nachdem das Unternehmen im Zuge der Liberalisierung unter Wettbewerbsdruck kam, sanken die Preise zunächst dramatisch – allerdings ohne dass die flankierend unterstützenden Instrumente reduziert wurden.

Nach der Einführung eines Vertriebscontrollings im Unternehmen wurde für jeden Kunden über einer bestimmten Abnahmemenge eine Deckungsbeitragsrechnung erstellt und alle direkt zugeordneten Kosten mit erfasst. Überraschendes Ergebnis: Trotz einer relativ hohen Abnahmemenge an Energie verdiente das Unternehmen mit diesem Kunden kein Geld. Im Gegenteil. Die Begleitmaßnahmen hatten in der Vergangenheit mehr als die erzielte Marge aufgezehrt und mit diesem Kunden allein machte das Unternehmen Verlust.

Umsatz und unmittelbarer Kundenwert sind also immer noch das Kriterium erster Wahl, um Key Accounts zu identifizieren und in die Organisation einzubinden. Abbildung 29 zeigt allerdings deutlich, welche unterschied-

Art des Key Accounts	Erläuterung, warum dieser Kunde ein Key Account sein kann
Image-Key Account	Image-Key Accounts sind die sogenannten „Diesen Kunden behalten wir, auch wenn wir nichts an ihm verdienen, weil er eine gute Referenz ist"-Kunden. Es ist also gut für das Image Ihres Unternehmens, diesen Kunden auf der Kundenliste führen zu dürfen.
Komplexitäts-Key Account	Auch wenn der Kunde in Bezug auf die gekauften Lösungen eher im klassischen Vertrieb anzusiedeln wäre, erfordert doch die Zusammenarbeit mit ihm einen hohen Aufwand, weil die Strukturen in Entscheidung und Organisation so komplex und schwer überschaubar sind.
Leader-Key Accounts	Haben Sie Kunden, die zwar nicht groß in Bezug auf den Umsatz sind, aber dennoch besonders wichtig für Ihr Unternehmen? Beispielsweise weil diese Kunden zu den einflussreichen Meinungsbildnern innerhalb einer bestimmten Branche zählen? Dann haben Sie hier einen Leader-Key Account identifiziert.
Know-how-Key Account	Es gibt Kunden, von denen auch Ihr Unternehmen für die Forschung und Entwicklung eine Menge lernen kann. Also benötigt dieser Kunde eine besondere Form der Zusammenarbeit und wird so zu einem Know-how-Key Account.

Abbildung 29: Weitere Kriterien zur Bestimmung von Key Accounts

lichen Arten von Key Accounts es in der Praxis gibt, bei denen der Umsatz nicht immer die Messgröße ist.

Qualitative Bewertungskriterien sind also ebenso ausschlaggebend wie die reine quantitative Betrachtung nach Umsatz, Deckungsbeitrag und dem Lifetime Value des Kunden.

Key Account Management für Investitionsgüter

Welche Anforderungen werden gestellt?

Die aus meiner Sicht treffendste Betrachtung, welche Anforderungen das Key Account Management im Investitionsgüterbereich an ein Unternehmen stellt, hat Hans D. Sidow in seinem Buch „Key Account Management" vorgenommen. Stellen Sie sich vor, Ihr Unternehmen möchte, nachdem es lange Zeit ohne Key Account Management ausgekommen ist, dieses strukturiert und systematisch implementieren.

Vier Ebenen gilt es dabei zu betrachten:

- Die strategische Ebene

    Hiermit ist die langfristige Ausrichtung des Unternehmens auf seine wichtigsten Kunden gemeint.

- Die funktionale Ebene

    Hier werden die Zielsetzungen und die damit verbundenen wichtigsten Aufgaben definiert, die innerhalb des Systems „KAM" erfüllt werden sollen.

- Die personelle Ebene

    Auch Key Account Management lebt von Menschen. Insofern beschreibt die personelle Ebene, welche Anforderungen an die handelnden Personen gestellt werden müssen, um erfolgreich zu sein.

- Die organisatorische Ebene

    Diese Ebene beschreibt, wie der neu geschaffene Bereich in die Organisation des Unternehmens eingepasst werden soll. Alle Schnittstellen zu beteiligten Abteilungen und Bereichen werden hier definiert.

Sie sehen allein an der Vielzahl der Ebenen, dass die Einführung eines systematischen Key Account Managements im Unternehmen keine „das machen wir mal eben"-Aufgabe ist. Schauen wir uns die einzelnen Ebenen genauer an.

Die strategische Ebene

Jedes Unternehmen muss für sich entscheiden, welche seiner Kunden in ein Key Account Management überführt werden können. Die Aussage, dass der Kunde dies wert ist, ist zwar eine schöne erste Voraussetzung, allerdings hat hier auch der Kunde ein Wörtchen mitzureden. Denn nicht jeder Kunde möchte die durch Key Account Management zwangsläufig entstehende engere Zusammenarbeit mit Ihrem Unternehmen.

Beispiel

> Ein Unternehmen, das über Jahrzehnte hinweg Kunde eines Stadtwerkes war, wurde im Zuge der Liberalisierung des Strommarktes zu einer „freiheitsliebenden" Organisation – zumindest in Bezug auf den Energieversorger.
>
> Alle Anstrengungen, diesen Kunden in ein neu geschaffenes Key Account Management und damit in eine intensivere Zusammenarbeit zu überführen, schlugen zunächst fehl. Der Grund lag vor allem in der offen bekundeten Wechselwilligkeit des Kunden. Dem Kunden war es lieber, die Zusammenarbeit nicht zu eng zu gestalten, um jederzeit ohne organisatorischen Aufwand den Lieferanten wechseln zu können.

Dennoch ist es für Ihr Unternehmen von entscheidender Bedeutung, die strategische Konzentration auf Key Accounts voranzutreiben. Auf lange Sicht werden Sie einen deutlichen Wettbewerbsvorteil gegenüber Ihren Mitbewerbern herausarbeiten können, wenn Ihr Unternehmen sich strategisch auf die Key Accounts konzentriert. In der Praxis kann dies sogar zu einer Verkleinerung der bisher angebotenen Produktpalette führen – mit der Ihr Unternehmen allerdings erfolgreicher und profitabler arbeiten kann, als wenn es ein breites Portfolio für einen noch breiteren Kundenstamm vorhalten muss.

Bleiben wir noch ein Weilchen auf der strategischen Ebene. Welche strategischen Optionen bieten sich in der Zusammenarbeit mit einem Key Account? Denn nicht jeder Key Account bietet auch dieselben Optionen in der Ausgestaltung der Zusammenarbeit.

Abbildung 30 fasst die strategischen Optionen in einem Schema zusammen:

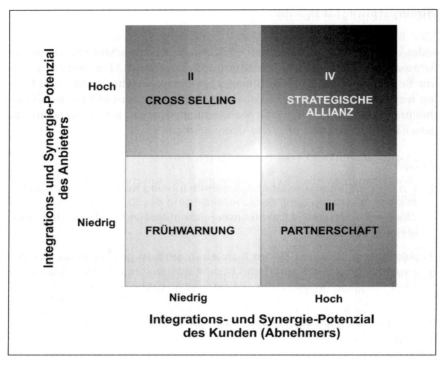

Quelle: Senn, 1997

Abbildung 30: Strategische Optionen in der Zusammenarbeit mit Key Accounts

Strategieoption „Frühwarnung"

Die geringste Form der Integration bietet die Strategieoption „Frühwarnung". In der Regel existiert in diesem Fall noch keine Beschaffungsstrategie auf Seiten Ihres Kunden – und auch Sie selbst sehen noch keine deutlichen Vorteile, wenn Sie diesen Kunden intensiver betreuen würden. Hauptsache ist, dass die Prozesse der Zusammenarbeit reibungslos funktionieren – dass also auf beiden Seiten die Rollen im Buying Center bzw. im Selling Center klar definiert sind und sauber von Ihnen als Key Account Manager koordiniert werden. So haben Sie ein hervorragendes Frühwarnsystem in der Zusammenarbeit mit Ihrem Kunden. Veränderungen in der Zusammenarbeit wie das Bekommen wichtiger Informationen, die Einbindung in Projekte oder auch das Erkennen von Trends werden rasch sichtbar und Sie können ebenso rasch darauf reagieren. Im besten Fall erkennen Sie so frühzeitig neue Chancen für den Verkauf.

Strategieoption „Cross-Selling"

Der Begriff „Cross-Selling", also „Zusatzverkauf von ergänzenden Lösungen", war noch zu Beginn der 1990er Jahre eher ein Modebegriff als ein strategisches Instrument. Im modernen Key Account Management hat er die Bedeutung erlangt, die ihm meines Erachtens zusteht. Mehr noch: Häufig war es die latente Chance des Cross-Selling, die ein Unternehmen überhaupt auf die Idee gebracht hat, sich mit dem Thema „KAM" intensiver zu beschäftigen.

Die Grundfragen des Cross-Selling lauten also:

- Was können wir dem Key Account noch aus unserem Leistungsportfolio anbieten?
- Welchen anderen Unternehmensbereichen können wir bei diesem Kunden die Tür öffnen?

Die Vorteile des Cross-Selling liegen deutlich vor Ihnen: Die Umsatzchancen bei diesem Kunden steigen enorm, ohne dass Sie als Anbieter einen deutlich höheren Aufwand in der Kundenbetreuung erwarten müssten. Außerdem bindet sich der Kunde mit jeder zusätzlich in Anspruch genommenen Lösung noch ein bisschen mehr an Sie und Ihr Unternehmen. Sollte in Ihrem Unternehmen noch kein Key Account Management implementiert worden sein, empfehle ich hier die folgende Spielregel: „Wer zuerst mit diesem Kunden zusammengearbeitet hat, soll auch die Aufgabe des Türöffners (logisch!) und vor allem die des Koordinators (sinnvoll!) übernehmen."

Strategieoption „Partnerschaft"

Im Gegensatz zum Cross-Selling geht der Impuls zu einer intensiveren Zusammenarbeit bei der Strategieoption „Partnerschaft" häufig vom Kunden aus. Meist geschieht dies dann, wenn der Kunde erkennt: „Ich sollte die Kernkompetenzen eines bestimmten Lieferanten noch stärker für mein Unternehmen nutzen und kann dadurch auch noch meinen Beschaffungsaufwand reduzieren."

Bingo! Treffer! Wenn Sie einen solchen Impuls von einem Ihrer Kunden erhalten, haben Sie und alle anderen Mitarbeiter hervorragende Arbeit geleistet. Erinnern Sie sich an die Kunden-Interaktionsmodelle in Kapitel 3? Vor allem als „Innovationshelfer" gehen Sie häufig eine Partnerschaft mit Ihrem Kunden ein und Ihr Kunde kann so zu einem „Lead User" für Sie und Ihr Unternehmen werden.

Strategieoption „Strategische Allianz"

Die Idee, dass sich zwei Unternehmen zu einer strategischen Allianz entscheiden, wird sowohl von Ihrem Kunden als auch von Ihnen ausgehen:

- Ihr Kunde hat erkannt:
  „Wenn ich mich mit meinem Lieferanten noch enger zusammenschließe, kann ich einerseits hohe Investitionen reduzieren und andererseits einen Wettbewerbsvorteil gegenüber meiner Konkurrenz herausarbeiten."

- Sie haben erkannt:
  „Wenn ich es schaffe, meinen Kunden von einer strategischen Allianz zu überzeugen, kann ich ihm noch besser helfen, im Wettbewerb zu bestehen. Im Gegenzug habe ich eine überdurchschnittlich hohe Kundenbindung und vergleichsweise sichere Umsätze."

Mit diesen beiden Aussagen ist die Idee einer strategischen Allianz grundsätzlich beschrieben. Auch hier schließt sich der Kreis zu den Kunden-Interaktionsmodellen in Kapitel 3: Das Modell des „Integrators" mit der Übernahme von Teilen der Wertschöpfungskette ist im Grunde nichts anderes als das Vereinbaren einer strategischen Allianz.

Die funktionale Ebene

Wir haben bereits festgestellt: Die Einführung von Key Account Management ist ein Eingriff in die Vertriebsorganisation und auch in das operative Marketing. Als Key Account Manager haben Sie sowohl nach außen (in Richtung Kunden) als auch nach innen (in Richtung interne Abteilungen) gerichtete Aufgaben. Das setzt Sie selbst in ein Spannungsfeld, denn Sie sind einerseits der „Anwalt" Ihres Kunden im Unternehmen und andererseits der „Gewinnbeauftragte" Ihres Unternehmens.

Nicht, dass dies unmöglich ist – aber es ist wichtig zu erkennen, dass dieses Spannungsfeld im Key Account Management im besonderen Maße existiert. Sie werden dies feststellen, wenn Sie zum ersten Mal eine heftige Diskussion mit Ihrer Produktionsabteilung geführt haben, warum dieses oder jenes, was Ihr Kunde benötigt, nicht möglich sein soll.

Fassen wir einmal die wesentlichen Aufgaben zusammen, die Sie als Key Account Manager für Investitionsgüter zu erfüllen haben:

- Kontaktaufbau und Vertrauensbildung mit Erschließen des Buying Centers
- Sammlung von Informationen über Schlüsselkunden

- Entwicklung einer kundenbezogenen Strategie
- Entwicklung kundenspezifischer Problemlösungen
- Planung kundenspezifischer Aktivitäten
- Ergebniskontrolle
- Kundeninformation und konstante Beziehungspflege
- Abschluss von Rahmenvereinbarungen
- Durchführung von Verkaufsverhandlungen
- Gemeinsame Entwicklungszusammenarbeit
- Projektleitung für komplexe Kundenlösungen

Sie brauchen eine „eierlegende Wollmilchsau"? Dieser Schluss liegt nahe, und vor allem im Investitionsgüterbereich sind die Anforderungen an Key Account Manager ausgesprochen hoch. Das bringt uns zur nächsten Ebene für die Anforderungen des Key Account Managements: die personelle Ebene.

Die personelle Ebene

Mit dem Begriff „eierlegende Wollmilchsau" sind wir gar nicht so weit weg von den Anforderungen, die an Sie als Key Account Manager im Investitionsgüterbereich gestellt werden.

Werden Sie wachsam, wenn Ihnen Ihr Vertriebsleiter plötzlich auf die Schulter klopft und sagt: „Du bist jetzt Key Account Manager". Einerseits können Sie dies als Ritterschlag werten, denn wir gehen einfach davon aus, dass Ihr Vertriebsleiter weiß, was er tut. Andererseits sollten Sie sicherstellen, dass Sie auch wirklich in der Lage sind, diese komplexe Aufgabe professionell zu erfüllen. Denn: Mit Kunden kann man nicht üben. Dafür steht zu viel auf dem Spiel.

Abbildung 31 zeigt eine Übersicht der wesentlichen Funktionen, die Sie als Key Account Manager ausfüllen müssen, um strukturiert zu arbeiten.

Diese Funktionen haben natürlich auch Auswirkungen auf das Anforderungsprofil, das an Sie als Key Account Manager gestellt wird. Ohne allzu sehr in die Tiefe zu gehen, werde ich Ihnen hier einen Überblick darüber geben, über welche Kompetenzen Sie als Key Account Manager verfügen sollten.

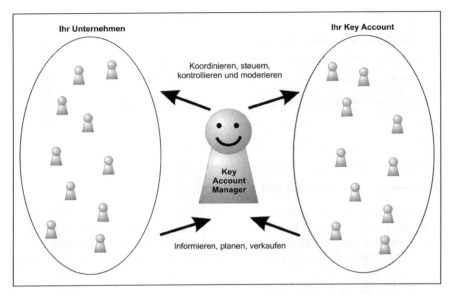

Abbildung 31: Die Funktionen des Key Account Managers für Investitionsgüter

Bei der Ausbildung von Verkäufern im Allgemeinen und von Key Account Managern im Besonderen achten wir immer auf vier verschiedene Kompetenzbereiche (siehe Abbildung 32):

- die Fach- und Sachkompetenz,
- die soziale Kompetenz,
- die konzeptionelle Kompetenz,
- die formale Kompetenz.

Für Sie als Key Account Manager ist zusätzlich wichtig, dass Sie die richtigen Menschen in Ihrem Unternehmen identifizieren und an Bord holen, die für den jeweiligen Kunden wichtig sind. Das ist Ihr Selling Center, wie Sie es bereits in der Abbildung 27 kennen gelernt haben. Als Bindeglied zwischen den beiden Unternehmen haben Sie die Aufgabe, Ihr Selling Center von Kunde zu Kunde immer wieder neu zu definieren und gegebenenfalls anzupassen.

Quelle: In Anlehnung an Sidow, 2002, S. 104
Abbildung 32: Die vier Kompetenzdimensionen für Key Account Manager

Die organisatorische Ebene

Jetzt wird es ernst. Denn mit der Einführung von Key Account Management in einem Unternehmen arbeiten Sie sozusagen „am offenen Herzen" der Organisation. Viele Bereiche und Abteilungen, allen voran die Vertriebsorganisation und das Marketing, sind an der Implementierung beteiligt.

Die *eine* Lösung für die Organisation des Key Account Managements im Unternehmen gibt es nicht. Vielmehr folgt jedes Unternehmen sinnvollerweise den Grundsätzen „Form follows Function" und „Structure follows Strategy". Ich habe mittelständische Unternehmen kennen gelernt, die mit der Einführung eines Key Account Managements mehr als zwei Jahre verbracht haben. Einfach deshalb, weil die Aufgabe für genau diese Unternehmen so komplex wurde, dass sie mit internen „Bordmitteln" nicht mehr zu bewältigen war. Andererseits habe ich auch noch kein Unternehmen kennen gelernt, das sein Key Account Management innerhalb weniger Wochen reibungslos implementiert hat. Die Realität liegt meiner Erfahrung nach zwischen 6 und 18 Monaten. Je nach Ernsthaftigkeit und empfundenem Leidensdruck.

Für kleinere und mittelständische Unternehmen mit geringen Personalressourcen empfiehlt sich häufig, ein sogenanntes „funktionales Key Account Management" einzuführen. Sozusagen „KAM light". Der Vorteil liegt vor allem in der schnellen Handlungsfähigkeit und der Flexibilität aller handelnden Personen. Das Beispiel auf Seite 128 zeigt hier bereits erste Tendenzen zum „funktionalen Key Account Management". Man nennt diese Form auch „Part-Time-KAM", weil sie ebenso rasch wieder aus der Organisation eliminiert werden kann, wie sie eingeführt wurde. Häufig wird dieses funktionale Key Account Management dann eingesetzt, wenn mangels (Kunden-)Masse noch nicht ausreichend Einsatzmöglichkeiten für ein „Full-Time-KAM" bestehen, einige wenige Kunden aber bereits eine entsprechende Form der Zusammenarbeit erwarten.

Sie merken also: Die Einführung einer Key Account Management-Struktur ist für jedes Unternehmen eine ernst zu nehmende Entscheidung. Letztlich muss eingeschätzt werden, ob die erhofften Chancen die damit einhergehenden Risiken überwiegen.

Abbildung 33 zeigt Ihnen, welche Chancen es für Ihr Unternehmen gibt und welche Risiken in Betracht gezogen werden sollten.

Die Entscheidung, ob Sie in Ihrem Unternehmen ein Key Account Management einführen sollen oder nicht, können Sie also nur selbst treffen. Als externer Impulsgeber, der ich nun einmal bin, empfehle ich Ihnen Folgendes: Wenn Sie bis jetzt kein Key Account Management benötigt haben, kann es erfolgversprechender sein, zunächst die Arbeitsweise im Verkaufszyklus zu optimieren, um die gesunde Basis für das „Consultative Value Selling" zu stärken. Erst wenn Ihr Unternehmen hier gute Arbeit leistet, lohnt sich das Zünden der nächsten Evolutionsstufe.

Ich habe Ihnen versprochen, auch beim Thema Key Account Management ein Beispiel für einen Kunden-Aktionsplan zu liefern – den Key Account Plan. Sie finden ihn auf den folgenden Seiten und ich lade Sie herzlich ein, diesen in Ihrer täglichen Arbeit einzusetzen.

Chancen bei der Einführung des Key Account Managements	Risiken bei der Einführung des Key Account Managements
Chance zum strategischen Durchbruch: Die Konzentration aller im Unternehmen verfügbaren Kräfte auf Kunden mit hohem Potenzial und Know-how für Innovationen kann den Durchbruch in wichtigen Märkten sichern – und damit die Zukunft des Unternehmens.	Risiko der Abhängigkeit von wenigen Kunden. Wenn sich Ihr Unternehmen nur noch auf die Key Accounts und deren Betreuung konzentriert, kann es die breite Kundenbasis verlieren, die in Krisenzeiten für das notwendige „Grundrauschen" sorgt.
Chance zur höheren Kundenbindung durch maßgeschneiderte Leistungen und Pakete. Sie können durch Hinzuziehen weiterer Partner ein komplettes Angebotsbündel für Ihren Kunden schnüren, das dieser von Ihren Wettbewerbern so nicht erhalten kann. So kann die Wechselbereitschaft Ihres Kunden enorm sinken.	Risiko durch „Erpressbarkeit". Wenn Sie ein Key Account Management mit eigenen Account Teams in Ihrem Unternehmen installiert haben, wissen Ihre Kunden auch, dass Sie enorme Bereitstellungskosten haben, um diese Leistung zu erbringen. Das macht Ihr Unternehmen angreifbar und Sie werden konzilianter in der Verhandlung neuer Konditionen.
Chance zur Kostensenkung: Dadurch, dass Sie die Zusammenarbeit unterschiedlicher Unternehmensbereiche in Ihrem Unternehmen und dem Ihres Kunden koordinieren können, haben Sie die Möglichkeit, durch Reibungs- und Abstimmungsverluste entstandene Kosten nachhaltig zu senken. Das schlägt sich natürlich auch in Ihrer Wettbewerbsfähigkeit nieder.	Lähmungserscheinungen durch „Über-Organisation". Gerade, wenn Key Account Management neu im Unternehmen implementiert ist, kann es vorkommen, dass sich einige Unternehmensbereiche nur noch mit sich selbst beschäftigen und so zu einer „technologischen Lähmung" kommen. Häufig äußert sich dies in enttäuschten Kunden, deren Erwartungen nicht mehr erfüllt werden.

Abbildung 33: Gegenüberstellung von Chancen und Risiken im KAM

Der strategische Key Account Plan

Gutes Key Account Management beinhaltet immer auch eine solide und laufend aktualisierte Planung. So haben Sie und das gesamte Buying Center immer eine Orientierung, welche Aktivitäten gerade besonders gefragt sind.

Moderne CRM-Systeme bilden dies teilweise ab und zwar in einer Form, dass auch mehrere Menschen denselben Plan aktualisieren dürfen. Zum Start empfiehlt sich allerdings immer noch die „Papierversion", die in regelmäßigen internen Treffen von allen beteiligten Personen diskutiert und in die Aktivitätenplanung umgesetzt wird.

Ein ausführliches und vor allem sofort einsatzbereites Exemplar finden Sie als editierfähiges Dokument auf www.optivend.com im bereits erwähnten Downloadbereich. Aus Platzgründen beschränke ich mich hier auf die Sammlung der Überschriften und Unterpunkte, die ein strategischer Key Account Plan mindestens beinhaltet.

Informationen zum Key Account

- Firma des Key Accounts mit allen Adressinformationen
- Klassifizierung als bestehender Key Account oder als potenzieller Key Account für Ihr Unternehmen
- Name und Position des Hauptansprechpartners beim Key Account

Das Wichtigste in Kürze

Ich empfehle, gleich auf der ersten Seite eines Key Account Plans eine Zusammenfassung zu liefern und diese nach jeder Bearbeitung zu aktualisieren. So haben auch Nicht-Mitglieder immer die Chance, rasch einen Überblick zu gewinnen, ohne gleich in jeden einzelnen Punkt einsteigen zu müssen.

- Trend in der Umsatzentwicklung
- Trend im Cross-Selling
- Wichtigste Herausforderungen
- Geplantes Wachstum für das laufende Geschäftsjahr
- Entwicklung der Wettbewerbssituation beim Key Account
- Wichtigste Aktivitäten im laufenden Geschäftsjahr
- Benötigte Freigaben vom Management

Die Grundinformationen

- Stellung des Key Accounts innerhalb seiner eigenen Branche
- Wachstumspotenzial des Key Accounts in für Sie relevanten Märkten
- Aktuell geplante Strategie des Key Accounts (Vertriebs-Kooperationen, Mergers, strategische Allianzen, etc.)
- Geplantes Investitionsvolumen und realistische Einschätzung
- Angaben zu den festgestellten Beschaffungsprozessen

Analyse des Umsatzes mit dem Key Account

- Aufstellung der Umsätze der letzten drei Jahre nach Produktgruppen
- Kommentar der Umsatzentwicklung für jede genannte Produktgruppe (welche Maßnahmen bzw. welche externen Faktoren haben zur jeweiligen Entwicklung geführt?)
- Umsatztrend und Hochrechnung je Produktgruppe für das laufende Geschäftsjahr bzw. Forecast für das folgende Geschäftsjahr

Analyse von Projekten mit dem Key Account

- Welche Projekte mit welchem Volumen konnten aus welchen Gründen erfolgreich gewonnen werden
- Welche Projekte mit welchem Volumen wurden aus welchen Gründen nicht gewonnen
- Welche Projekte mit welchem Volumen sind derzeit angefragt bzw. in welcher Phase des Verkaufszyklus
- Wie hoch ist die Chance der Realisierung
- Wer sind die Hauptmitbewerber für die jeweiligen Projekte
- Welche Stärken haben die drei wichtigsten Mitbewerber
- Welche Schwächen haben drei wichtigsten Mitbewerber
- Welche Umsätze machen die drei wichtigsten Mitbewerber mit dem Key Account im vergangenen Geschäftsjahr

Stärken und Schwächen-Analyse

- Kenntnis der Mitglieder im Buying Center
- Wissen um die jeweiligen Interessenlagen
- Grad der Vollständigkeit des Buying Center Compass
- Realisierter Deckungsbeitrag mit dem Key Account
- Zusätzliche Verkaufschancen bei Tochterunternehmen/Niederlassungen des Key Accounts
- GAP-Analyse in der Zufriedenheit des Key Accounts in Bezug auf die Zusammenarbeit mit unserem Unternehmen
- Grundsätzliche Aussage zur Qualität der Zusammenarbeit und der Beziehung

Unsere Strategie für diesen Key Account

- Ziel-Umsätze und Ziel-Erträge je Produktgruppe für das nächste Geschäftsjahr
- Hochrechnung für die zwei weiteren Geschäftsjahre je Produktgruppe
- Identifikation der unterschiedlichen Buying Center je Produktgruppe
- Beziehungsaufbau mit externen Beeinflussern und Wächtern, zum Beispiel Ingenieur- und Planungsbüros
- Geplante Auftragseingänge bei Projekten in der Pipeline

Aktivitätenplan für die kommenden 12 Monate

- Welche Besuche von wem bei wem sind geplant
- Welches Ziel haben die jeweiligen Besuche
- Neue Produkte und Lösungen vorstellen
- Einladungen zu Veranstaltungen, Schulungen, etc.
- Geplantes Konditionengefüge für diesen Key Account
- Verbesserungsmöglichkeiten in unserem Unternehmen
- Informationsbeschaffung und Validierung
- Zusammensetzung des Key Account Teams
- Notwendige Anträge an das Management inklusive Budget und Wirtschaftlichkeitsbetrachtung bzw. -erwartung

---

Das Wichtigste aus diesem Kapitel in Kürze

- Key Account Management ist eine Sonderform in der Vertriebsorganisation.
- Die Selling Center im Key Account Management sind komplexer als im klassischen Vertrieb.
- Key Account Management folgt vier strategischen Optionen und entsprechend ist die Intensität in der Ausgestaltung.
- Key Account Manager benötigen umfangreiche Fähigkeiten und Kompetenzen verschiedener Art.
- Manchmal hilft ein „Part-time Key Account Management" weiter als die sofortige Implementierung eines „Full-time Key Account Managements".

Praxis-Checklisten für den Alltag

In diesem Kapitel erhalten Sie einige Arbeitsinstrumente, die Ihnen helfen, den Verkaufszyklus immer weiter zu optimieren. Zusätzlich bekommen Sie als Leser dieses Buches Zugang zum Downloadbereich von www.optivend.com. Hier finden Sie weitere wertvolle Praxishilfen zum sofortigen Einsatz im Vertriebsalltag. Der Downloadbereich ist mit einem Login geschützt. Um die Zugangsdaten zu erhalten, Schicken Sie einfach eine formlose E-Mail an: checkliste@optivend.com.

Checklisten-Rubriken im Download-Bereich (laufend aktualisiert)

- ✓ Selbst-Organisation im Home-Office
- ✓ Tourenplanung im Außendienst
- ✓ Telefonaktionen (Planung, Umsetzung, Kontrolle)
- ✓ Messen (Planung, Vorbereitung, Durchführung, Nachbereitung)
- ✓ Kundenveranstaltungen
- ✓ Selbsteinschätzung als Verkäufer mit Ermittlung des Trainingsbedarfs
- ✓ Vorbereiten von Erstgesprächen mit Neukunden
- ✓ Vorbereitung von Präsentationen
- ✓ Vorbereitung von Verhandlungen

Leitfragen zum Qualifizieren und Füllen der Pipeline

- Wann ...
  - war die letzte Account-Planungsbesprechung, um neue potenzielle Kunden zu ergründen?
  - wird die nächste Account-Planungsbesprechung mit Kollegen stattfinden?
- Wer ...
  - ist das Selling Center/Verkäufer-Team für diesen Kunden?
- Was ...
  - wissen Sie über die derzeitige Situation oder Probleme dieses potenziellen Kunden?

- Wie viel ...
  - hat Ihr potenzieller Kunde im letzten Jahr investiert?
  - hat Ihr potenzieller Kunde für zusätzliche Leistungen ausgegeben?
- Warum ...
  - genau dieser Kunde?
  - nicht ein anderer potenzieller Kunde?
  - genau dieses Verkäuferteam?
  - nicht ein anderes Verkäuferteam?

Leitfragen zum Optimieren der Phase „Erstgespräch"

- Wann ...
  - wird das erste Treffen mit dem potenziellen Kunden sein?
  - hat der Gesprächspartner zugestimmt?
  - haben Sie geplant, sich darauf vorzubereiten?
- Wer ...
  - wird Ihr Gesprächspartner sein – und warum genau dieser?
- Was ...
  - wird Ihre Gesprächseröffnung sein?
  - sind die Fragen, die Sie stellen werden?
  - sind die Probleme, die Sie mit Fragen herausarbeiten möchten?
  - planen Sie als nächsten Schritt am Ende Ihres ersten Treffens?
- Wie viel ...
  - Umsatz muss der potenzielle Kunde mindestens machen, damit Sie sich auf ihn konzentrieren?
  - Zeit werden Sie für einen potenziellen Kunden einsetzen, der wahrscheinlich nie ein „kaufender" Kunde werden wird?
- Warum ...
  - haben Sie genau diese Hierarchie-Ebene beim Kunden gewählt?
  - werden Sie Ihre Ziele in diesem Monat erreichen?
  - wollen Sie heute nicht noch einen potenziellen Kunden anrufen?

Leitfragen zum Optimieren der Phase „Kundensituation ergründen"

- Wann ...
  - findet das nächste Treffen mit dem potenziellen Kunden statt?
- Wer ...
  - ist noch wichtig für Sie, den Sie ansprechen sollten?
  - hat Ihnen gesagt, dass Sie genau mit diesen Personen sprechen sollen?
  - kann Ihnen sagen, mit wem Sie auch noch sprechen sollten?
- Was ...
  - sind die Fragen, die Sie diesen Personen stellen werden?
  - sind die Probleme, die Sie lösen können?
  - ist der kaufmännische Wertbeitrag, den Sie beisteuern werden?
- Wie viel ...
  - kostet Ihren Kunden seine aktuelle Lösung pro Jahr?
  - wird Ihren Kunden die Lösung in Zukunft kosten?
  - können Sie mit Ihrer Lösung dazu beisteuern?
- Warum ...
  - sollte Ihr Ansprechpartner Ihnen helfen?
  - kommen Sie nicht bis zu einem qualifizierten Angebot?
  - sprechen Sie nicht noch mit weiteren Personen im Unternehmen?

Leitfragen zum Optimieren der Phase „UVP präsentieren"

- Wann ...
  - findet die Präsentation des Angebots statt?
- Wer ...
  - wird alles an der Präsentation teilnehmen?
  - ist Ihr Sponsor?
  - ist der Entscheider?
  - sind Ihre Gegner?
  - sind Ihre Förderer?

- Was ...
  - genau werden Sie präsentieren?
  - ist zum Beschaffungsprozess bereits bekannt?
  - wissen Sie über das Budget Ihres Kunden?
- Wie viel ...
  - zusätzlichen Wertbeitrag bringt Ihr Angebot?
  - wird es Ihren Kunden kosten, wenn er Ihr Angebot nicht annimmt?
  - wissen Sie über den Return on Investment für Ihren Kunden?
- Warum ...
  - präsentieren Sie Ihr Angebot nicht persönlich?
  - sollte sich Ihr Kunde für Ihr Angebot/Ihr Unternehmen entscheiden?
  - ist jetzt der richtige Zeitpunkt?

Leitfragen zum Optimieren der Phase „Entscheidung steuern"

- Wann ...
  - soll die endgültige Entscheidung getroffen werden?
- Wer ...
  - ist in welchem Maße an der Entscheidung beteiligt?
  - muss noch überzeugt werden?
- Was ...
  - wissen Sie über die Angebote des Wettbewerbs?
  - weiß Ihr Wettbewerb über Ihr eigenes Angebot?
  - können Sie tun, um besser zu sein als der stärkste Wettbewerber?
- Wie viel ...
  - verschiedene Angebote hat Ihr Kunde eingeholt?
  - kostet den Kunden allein die Beurteilung aller Angebote?
  - Chancen haben Sie, den Deal zu gewinnen?
- Warum ...
  - laden Sie Ihre Ansprechpartner nicht zum Mittagessen ein?
  - fragen Sie nicht Ihren Chef, ob er sich mit dem Chef Ihres Ansprechpartners zum Mittagessen treffen möchte?

Weiterführende Literatur

Backhaus, Klaus: Industriegütermarketing, 7. Auflage, München, 2003

Backhaus, Klaus/Voeth, Markus: Handbuch Industriegütermarketing, 1. Auflage, Wiesbaden, 2004

Becker, Jochen: Marketing-Konzeption: Grundlagen des zielstrategischen und operativen Marketing-Managements, 7. Auflage, München, 2001

Godefroid, Peter: Business-to-Business-Marketing, 2. Auflage, Ludwigshafen, 2000

Häusel, Hans-Georg: Limbic Success, Freiburg, 2002

Homburg, Christian: Kundennähe von Industriegüterunternehmen, Wiesbaden, 2000

Jensen, Ove: Key Account Management: Gestaltung, Determinanten, Erfolgsauswirkungen, Wiesbaden, 2001

Kellner, Hedwig: Rhetorik: Hart verhandeln – erfolgreich argumentieren, München, 1999

Kleinaltenkamp, Michael/Plinke, Wulff: Technischer Vertrieb, Grundlagen, 2. Auflage, Berlin, 2000

Knox, Paul/Marston, Sallie A., Humangeographie, Heidelberg/Berlin, 2001

Kotler, Philip: Standpunkt: Philip Kotler, in: Campus Management, Frankfurt, 2003

Kotler, Philip/Bliemel, Friedhelm: Marketing-Management, 10. Auflage, Stuttgart, 2001

Küng, Pius/Schillig, Beat/Toscano-Ruffilli, Rosealla: Key Account Management: Praxistipps, Beispiele, Werkzeuge, St. Gallen, 2001

Meffert, Heribert: Marketing, 9. Auflage, Wiesbaden, 2000

Porter, Michael E.: Wettbewerbsstrategie (Competitive Strategy): Methoden zur Analyse von Branchen und Konkurrenten, 9. Auflage, Frankfurt/New York, 1997

Richter, Hans Peter: Investitionsgütermarketing: Business-to-Business-Marketing von Industrieunternehmen, München, 2001

Senn, Christoph: Key Account Management für Investitionsgüter: Ein Leitfaden für den erfolgreichen Umfang mit Schlüsselkunden, Wien, 1997

Sidow, Hans D.: Key Account Management, 2. Auflage, Landsberg 2002

Der Autor

Tim Oberstebrink, geb. 1967, lebt in Ratingen bei Düsseldorf. Der Vater von drei Kindern hat nach Abitur und Zivildienst zunächst eine Ausbildung zum Koch als Jahrgangsbester abgeschlossen. Aufgrund einer Lebensmittelallergie gab er den Kochberuf auf und nahm 1991 seine erste Stelle als Verkaufsrepräsentant im Außendienst an. Eine berufsbegleitende Ausbildung zum Fachkaufmann Marketing (IHK) sorgte für das notwendige Fachwissen. Berufsbegleitende Weiterbildungen in Psychologie, Betriebswirtschaft und Erwachsenenbildung folgten in den Jahren 1993 bis 1998.

Seit 1993 war Tim Oberstebrink Führungskraft in Marketing- und Vertriebsabteilungen verschiedener mittelständischer und großer Unternehmen, zunächst als Key Account Manager, dann als Außendienstleiter und Leiter Marketing und Vertrieb. Im Jahr 1999 gründete er das auf den Business-to-Business-Vertrieb spezialisierte Trainings-Institut Optivend GmbH in Düsseldorf. Seitdem ist er gefragter Trainer für die Weiterentwicklung von Verkäufern.

Seine besondere Expertise liegt in den Investitionsgüterbranchen Energiewirtschaft, Großküchentechnik, Maschinen- und Anlagenbau. Seine Auftraggeber schätzen vor allem die Arbeit direkt an und in der Vertriebspraxis seiner Seminarteilnehmer. Tim Oberstebrink ist Preisträger beim Wettbewerb „Internationaler Deutscher Trainings-Preis" des BDVT (Berufsverband für Trainer, Berater und Coaches) in der Kategorie „Coaching".

Kontakt: tim.oberstebrink@optivend.com